令和7年版

根本正次のリアル実況中継

司法書士

合格ゾーン

テキスト

①民法 I 総則

JN060326

はじめに

　本書は、初めて司法書士試験の勉強にチャレンジする方が、本試験突破の「合格力」を無理なくつけるために制作しました。

　まず、下の図を見てください。

　これは、司法書士試験での、理想的な知識の入れ方のイメージです。

　まず、がっちりとした基礎力をつけます。この基礎力が備わっていれば、その後の部分は演習をすることで、徐々に知識を積み重ねていくことが可能になります。

　私は、**この基礎力のことを「合格力」と呼んでいます。**

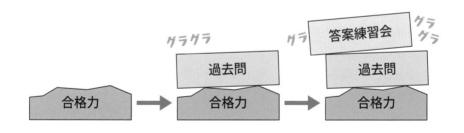

　この合格力がついていないと、いくら勉強しても、知識を上積みすることができず、ドンドンと抜けていってしまいます（これまでの受験指導の中で、こういった受験生を本当に多く見ています…）。

　本書は、まさにこの「**合格力（＋ある程度の過去問知識）**」をつけるための基**本書です。**

本書では、この「合格力」をつけるためにさまざまな工夫をしています。

①「合格に必要な知識」だけを厳選して掲載。

　学問分野すべてを記載するのではなく、司法書士試験に出題がある部分（または今後出題される可能性が高いもの）に絞った記述にしています。学問的に重要であっても、「司法書士試験において必要かどうか」という観点で、論点を大胆に絞りました。

　覚えるべき知識量を抑えることによって、繰り返し学習がしやすくなり、スムーズに合格力がつけられるようになります。 本書を何度も通読し、合格力がついてきたら、次は過去問集にチャレンジしていきましょう。

②初学者が理解しやすい言葉、言い回しを使用。

　本書は、司法書士試験に向けてこれから法律を本格的に学ぶ方のために作っています。そのため、**法律に初めて触れる方でも理解しやすい言葉や言い回しを使っています。** これは「極めて正確な用語の使い回し」をしたり、「出題可能性が低い例外を説明」することが、「必ずしも初学者のためになるとは限らない」という確固たる私のポリシーがあるからです。

③実際の講義を受けているようなライブ感を再現。

　生講義のライブ感そのままに、話し言葉と「ですます調」の軟らかな文体で解説しています。 また、できるだけ長文にならないよう、リズムよく5〜6行ごとに段落を区切っています。さらに文章だけのページが極力ないように心掛けました。

④ 「図表」→「講義」→「問題」の繰り返し学習で知識定着。

　1つの知識について、「図表・イラスト」、「講義」、「問題」で構成しています。そのため、本書を読み進めるだけで、**1つの知識について、3つの角度から繰り返し学習ができます。** また、「図表」は、講義中の登場人物の心境や物語の流れを把握するのに役立ちます。

⑤本試験問題を解いて実戦力、得点力アップ。

　試験で落としてはいけない「基本知識」の問題を掲載。講義の理解度をチェックし、実戦力、得点力を養います。基礎知識を確認するための問題集としても使えます。

最後に

2002年から受験指導を始めて、たくさんの受験生・合格者を見てきました。
改めて、司法書士試験の受験勉強とは何をすることかを考えると、

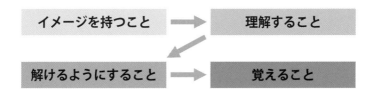

このプロセスを丹念に踏むことに尽きると思っています。

学習のスタートは、早ければ早いほど合格に近づきます。

しかし、いざ学習を始めるに当たり、「自分にできるかどうか」という不安をもっている方も多いのではないでしょうか。
　ですが、**司法書士試験に今までの学習経験・学歴は、一切関係ありません。出題される知識を、「繰り返す」「続ける」努力を続けた人が勝つ試験です。**
　本書は、いろいろな方法で学習を始めやすい・続けやすい工夫を凝らしています。安心して、本書を手に取って学習を始めてみましょう。

2024年5月
LEC専任講師　根本 正次

◆本書は、2024年5月1日現在成立している法律に基づいて作成しています。

●本書シリーズを使った学習法 ....

STEP 1　本書を通読＋掲載されている問題を解く（1〜2周）
　　　　　※　ただし「2周目はここまで押さえよう」の部分を除く

　まずは、本書をあたまから順々に読んでいってください。

　各章ごとに、「問題を解いて確認しよう」という問題演習のパートがあります。それを解くことによって、知識が入っているかどうかを確認してください。この問題を間違えた場合は、次に進む前に、該当箇所の復習をするようにしてください。

STEP 2　本書の「2周目はここまで押さえよう」の部分を含めて通読する　＋　問題を解く（2周以上）

　本書には「2周目はここまで押さえよう」というコーナーを多く設けています。この部分は、先の学習をしないとわからないところ、知識の細かいところ、基本知識が固まらないうちに読むと消化不良を起こす部分を記載しています。

　STEP 1を数回クリアしていれば、この部分も読めるようになっています。ぜひ、この部分を読んで知識を広げていってください（法律の学習は、いきなり0から10まで学ぶのではなく、コアなところをしっかり作ってから、広げるのが効率的です）。

STEP 3　本書の姉妹本「合格ゾーン ポケット判択一過去問肢集」で演習をする　＋　「これで到達合格ゾーン」のコーナーを参照する

　ここまで学習が進むとアウトプット中心の学習へ移行できます。そこでお勧めしたいのが、「合格ゾーン ポケット判択一過去問肢集」です。こちらは、膨大な過去問集の中からAAランク・Aランクの知識に絞って演習ができる教材になっています。

　そして、分からないもの、初めて見る論点があれば、本書の「これで到達合格ゾーン」の個所を見てください。

ここには、近年の司法書士試験の重要過去問について、解説を加えています。
この部分を読んで、新しい知識の記憶を強めていきましょう。
（そして、学習が深化してきたら、「これで到達合格ゾーン」の部分のみ通読するのも効果的です。）

STEP 4 ## ＬＥＣの答案練習会・公開模試に参加する

本試験では、過去問に出題されたとおりの問題が出題されたり、問い方を変えて出題されたりすることがあります。
また、本試験の２〜３割以上は、過去に出題されていない部分から出されます。

こういった部分の問題演習は、予備校が実施する答練で行うのが効率的です。
ＬＥＣの答練は、
・過去問の知識をアレンジしたもの
・未出知識（かつ、その年に出題が予想されるもの）
を出題していて、実力アップにぴったりです。
どういった模試・答練が実施されているかは、是非お近くのLEC各本校に、お問い合わせください。

TOPIC 令和６年度から記述式問題の配点が変更！ より要求されるのは「基礎知識の理解度」

令和６年度本試験から、午後の部の配点が、択一の点数（１０５点）：記述の点数（１４０点）へと変更されました。
「配点の多い記述式の検討のため、択一問題を速く処理すること」、これが新時代の司法書士試験の戦略です。
そのためには、基礎知識を着実に。かつ、時間をかけずに解けるようにすることが、特に重要になってきます。

●本書の使い方

本書は、図表➡説明という構成になっています（上に図表があり、その下に文章が載っています）。

本書を使うときは、「図表がでてきたら、その下の説明を読む。その講義を読みながら、上の図表を見ていく」、こういうスタイルで見ていってください。

そして、**最終的には、「図表だけ見たら知識が思い出せる」というところを目標にしてください。**

イントロダクション
この編で何を学んで行くのかの全体像がつかめます。この内容を意識しながら学習を進めるといいでしょう。

章の初めには、「どういったことを学ぶのか」「どういった点が重要か」という説明が書かれています。
この部分を読んでから、メリハリをつけて本文を読みましょう。

基本構造
本書の基本構造は「図表➡その説明」となっています。
「図表を軽く見る➡本文を読む➡図表に戻る」という感じで読んでいきましょう。

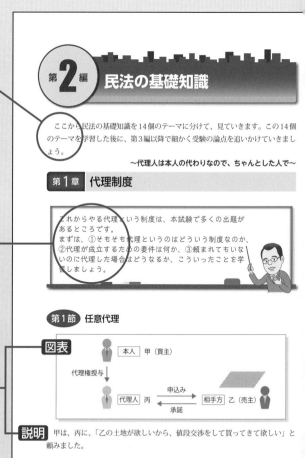

第**2**編 **民法の基礎知識**

ここから民法の基礎知識を14個のテーマに分けて、見ていきます。この14個のテーマを学習した後に、第3編以降で細かく受験の論点を追いかけていきましょう。

～代理人は本人の代わりなので、ちゃんとした人で～

第1章 **代理制度**

これからやる代理という制度は、本試験で多くの出題があるところです。
まずは、①そもそも代理というのはどういう制度なのか、②代理が成立するための要件は何か、③頼まれてもいないのに代理した場合はどうなるか、こういったことを学習しましょう。

第1節 **任意代理**

図表

本人 甲（買主）

代理権授与 ↓

代理人 丙　申込み→　相手方 乙（売主）
　　　　　←承諾

説明 甲は、丙に、「乙の土地が欲しいから、値段交渉をして買ってきて欲しい」と頼みました。

根本講師が説明！ 本書の使い方 Web 動画！

◆アクセスはこちら

本書の使い方を、著者の根本正次ＬＥＣ専任講師が動画で解説します。登録不要、視聴無料で、いつでもアクセスできます。

本書の構成要素を、ひとつひとつ解説していき、設定の意図や留意点などを分かりやすく説明していきます。

是非、学習前に視聴していただき、本書を効率よく使ってください。

※スマートフォン等による視聴の場合、パケット通信料はお客様負担となります。

◆二次元コードを読み込めない方はこちらから
https://www.lec-jp.com/shoshi/book/nemoto.html

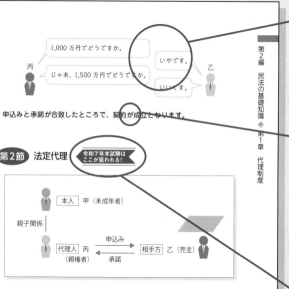

会話調のイラスト

流れや状況を会話調のイラストにすることにより、イメージしやすくなり、理解が早まります。

本文

黒太字：知識の理由となっている部分です。理由付けは理解するためだけでなく、思い出すきっかけにもなるところです。

赤太字：知識として特に重要な部分につけています。

令和７年本試験はここが狙われる！

令和７年本試験で狙われる論点をアイコンで強調表示しています。

条文

本試験では条文がそのまま出題されることがあります。覚える必要はありませんが、出てくるたびに読むようにしてください。

※上記は見本ページであり、実際の書籍とは異なります。

本人 甲（未成年者）

親子関係

代理人 丙 　　申込み → 　相手方 乙（売主）
（親権者） 　← 承諾

覚えましょう

試験問題を解答して
いく上で、欠かせな
い重要な部分です。
読んだ後、この箇所
を隠して暗記できて
いるかを確認してい
きましょう。

覚えましょう

代理行為が成立する要件

① 本人 甲が権利能力を有すること
② 代理人 丙が代理権を有すること
③ 代理人 丙が 相手方 乙に対して顕名をすること
④ 代理人 丙と 相手方 乙との間に有効な契約が成立すること

理行為が有効に成立するためには、①から④までの要件が必要です。
この4つをすべてクリアすると、直接甲に効果帰属します。

(1) 権利能力について

Point

その単元の特に重要
な部分です。この部
分は特に理解するこ
とをこころがけて読
んでください。

Point

権利能力：権利義務の帰属主体となりうる地位
　　　　→ 「人」が持つ
　　　　→ 「人」とは、自然人・法人

　権利能力とは、私は「**権利を持てる能力、義務を負える能力**」と説明していま
す。
　そして、この**能力を持つのは、人**です。

　法律の世界で人といった場合は、**自然人と法人**を指します。

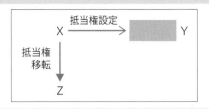

→	流れを示しています。権利や物がその方向で動いていると思ってください。 ※太さが異なっても意味は同じです。
→	債権、所有権、地上権などの権利を差しています。誰が権利をもっていて、どこに向かっているかを意識してみるようにしてください。

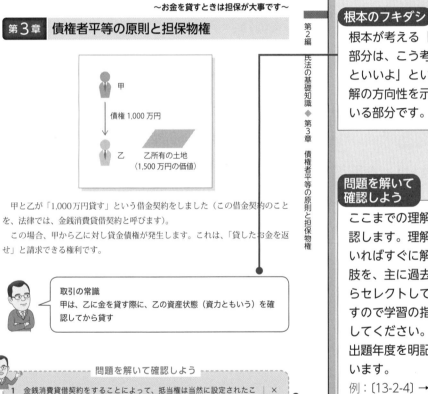

~お金を貸すときは担保が大事です~

第3章 債権者平等の原則と担保物権

甲

債権 1,000 万円

乙　　乙所有の土地
　　　（1,500 万円の価値）

甲と乙が「1,000万円貸す」という借金契約をしました（この借金契約のことを、法律では、金銭消費貸借契約と呼びます）。

この場合、甲から乙に対し貸金債権が発生します。これは、「貸したお金を返せ」と請求できる権利です。

取引の常識
甲は、乙に金を貸す際に、乙の資産状態（資力ともいう）を確認してから貸す

問題を解いて確認しよう

1	金銭消費貸借契約をすることによって、抵当権は当然に設定されたこととなる。〔オリジナル〕	×

ヒトコト解説

1 借金の契約とは別に、抵当権をつけるという契約をしないと抵当権は設定されません。

根本のフキダシ
根本が考える「この部分は、こう考えるといいよ」という理解の方向性を示している部分です。

問題を解いて確認しよう
ここまでの理解を確認します。理解していればすぐに解ける肢を、主に過去問からセレクトしていますので学習の指針にしてください。また、出題年度を明記しています。
例：〔13-2-4〕→平成13年問題2の肢4
×肢には「ヒトコト解説」が付いてくるので、なぜ誤っているかはここで確認してください。

※上記は見本ページであり、実際の書籍とは異なります。

ix

目 次

第3編　民法　総則　116

根本正次のリアル実況中継

司法書士

合格ゾーン
テキスト

① 民法Ⅰ

まるわかりWeb講義

著者、根本正次による、科目導入部分のまるわかりWeb講義！

科目導入部分は、根本講師と共に読んで行こう！
初学者の方は、最初に視聴することをおすすめします。

◆二次元コードを読み込んで、アンケートにお答えいただくと、ご案内のメールを送信させて頂きます。
◆「まるわかりWeb講義」は各科目の「第1編・第1章」のみとなります。2編以降にはございません。
◆一度アンケートにお答えいただくと、全ての科目の「まるわかりWeb講義」が視聴できます。
◆応募期限・動画の視聴開始日・終了日については、専用サイトにてご案内いたします。
◆本書カバー折り返し部分にもご案内がございます。

～身近に感じることで「法」に親しみを覚えましょう～

民法の内容に入る前に、法律学習の大前提「法律というルール、ルール破りをしたらどうなるの？」という話を説明します。

抽象的な内容で、試験に出題されるところではないので軽く読み飛ばしていきましょう（ただ、土地を強制競売するという話のところは重要なので、そこはしっかりと読み込んでください）。

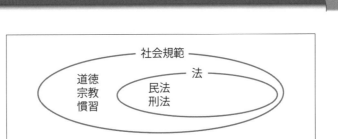

社会規範、これは、**社会のルール**と思ってください。

社会にはいろんなルールがあります。道徳、宗教、慣習、それとは別に法があります。

法には他の社会のルールと比べて明らかに違う点があるのです。

それはどこでしょうか。

法：国家権力による強制力を伴った社会規範（社会のルール）

「強制力を伴った」、この点です。

最後は無理やりにでも従わせる、これが他の社会のルールと法律の違うところ

です。

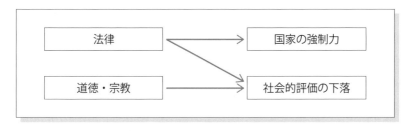

法律という社会のルールがあります。これを破った場合の処理が右側です。

法律というルールを破った場合には、国家が強制的に従わせるという結末、それに加え社会的評価が下がるという不利益を受けます。

一方、道徳、宗教、常識、こういったルールに反した場合は、社会的評価が下がることはあっても、国家がそのルールに強制的に従わせることはありません。**国家が強制的に従わせるルール**、それが、法律が他のルールと違うところです。

この部分を具体例を使って説明しましょう。

「借りたお金は返さなければいけない」こういったルールが民法にあります。

この民法のルールを破った場合、どのように強制的に従わせるのかを紹介します。

AがBにお金を貸していますが、このBが返済をしようとしません。

これは民法のルール破りをしています。この場合、Bはどうなってしまうのでしょうか。

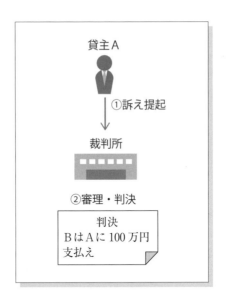

　ルール破りをされたＡは、裁判所に訴えの提起をします（上の図の①です）。平たく言えば訴訟を起こすのです。

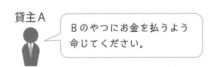

こんな感じで訴えを起こします。

　裁判所は、それについて審理をします（上の図の②です）。
　審理とは、いろいろ調べる、ぐらいの感覚です。
　お金を貸してもいないのに訴える、という人が一定数いるので、今回のＡもそうじゃないかということで、証人を呼んだり、書類を見たり、Ｂから話を聞いたりして、いろいろ調べます。
　その上で、「これは間違いないな」というのが分かったら、判決を出します（上の図の②です）。

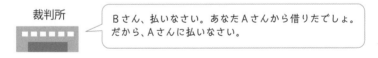

裁判所は、このように命令するのです。

ここで、Bさんが素直に払ってくれればいいのです。
「裁判所から言われたから、もうこれはしょうがない。ちゃんと払おう」と考え、払ってくれればいいのです。

一方、

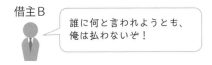

借主B
誰に何と言われようとも、俺は払わないぞ！

という人も多いです。こういう場合は、**もはや無理矢理払わせるしかありません。**

Aは、もう1回、裁判所に行き、そこで競売の申立てをします。
具体的には、「Bは駅前に土地を持っているから、その土地を競売にかけてくれ」と頼みに行くのです。

それに応じて裁判所が、この土地を強制競売にかけます。
強制競売という字、2つに分けてみてください。

強制：無理矢理
競売：オークション

強制競売とは、Bの意思を問わず、土地を無理矢理オークションにかけること
をいいます。

　オークションというのは、皆さんのイメージ通り、買いたい人が、「自分は○
○円で買う」「私は○○円で買う」と言って、一番高値を出した人が落札する、
という仕組みの売買です。

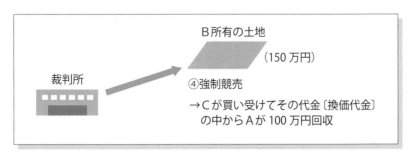

　今回、Cが150万円で落札しました。150万円をCはどこに払うかというと、
裁判所に払うのです（**Bに払ったら、持ち逃げするでしょう**）。

　その後、裁判所は、その150万円から、100万円をAに渡します。

　もともとが借りたお金を返さないという状態でした。
　それが最終的に、土地を売ってそのお金で返している、借りたお金を返してい
る状態にできているのです。
　これを国家の力で、無理矢理やってくれるのです。

　一方、道徳違反はどうなるでしょう。次の図を見てください。

```
┌─────────────────────────────────────────────┐
│  電車・バスの中で                              │
│  席を譲らない      ┈┈┈┈┈┈┈┈>                │
│                   国家の強制力なし             │
└─────────────────────────────────────────────┘
```

　電車・バスの中ではお年寄りがいたら席を譲るべきだ、という道徳を例にしたいと思います。

　もし、バスの中で席を譲らない人がいたらどうなるでしょうか。

　警察か何かが来て、強制的に彼をどかせて、お年寄りを座らせますか？
そんなことはしませんよね。
道徳や宗教には国家の強制力で従わせる、そういった力はないのです。

　先ほど、法律に従わなかった場合の運用について説明しましたが、次の図で全部まとめて書きました（この図自体は民法の理解でも非常に重要ですので、しっかり覚えておいてください）。

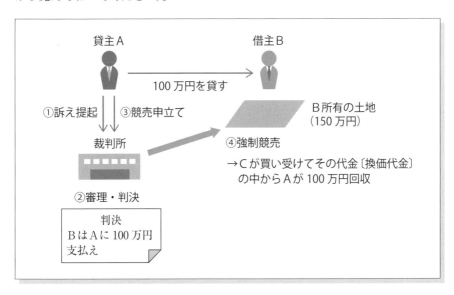

　上の図の①②、ここまでを民事訴訟といいます。
　③④の部分が民事執行といいます。

借りたお金を返さなければいけないというのは民法のルールです。

この**民法のルールに従わなかった場合、民事訴訟、民事執行というルールで従わせています**（民法だけで、全部処理しているわけではないのです）。

👉**Point**

法：国家権力による強制力を伴った社会規範

↓

違法な状態だとしても、強制力を用いることができるのは国家権力だけである

↓

国家権力が強制力を使うので、私人は強制力を使うべきではない

↓

私人による強制力行使は禁止される　＝　自力救済の禁止

この定義ですが、1つ着目して欲しいところがあります。

国家権力による、というところです。

借りた人がお金を払わなければ、最後は無理矢理取り立てるしかありませんが、その無理矢理というのは、誰がやってもいいのでしょうか。

例えば、Bが払わないから、

「Aが殴って払わせる」「AがBの家に忍びこんで勝手にお金を持っていく」

「Aが刃物で脅しながら、土地を売らせる」こんなことをしたらさすがに捕まります。

最終的には無理矢理取り立てるしかないのですが、無理矢理というのは、国家がやるのです。

国家が強制力を使うべきで、私人（国民）は強制力を使うべきではないのです。

LEC東京リーガルマインド　令和7年版 根本正次のリアル実況中継
司法書士 合格ゾーンテキスト **1** 民法Ⅰ

自力救済の禁止
→「私人による強制力行使、これは許さない」という原理

この原理は、今のうちに押さえておきましょう。

第2編 民法の基礎知識

　ここから民法の基礎知識を14個のテーマに分けて、見ていきます。この14個のテーマを学習した後に、第3編以降で細かく受験の論点を追いかけていきましょう。

～法律の用語を具体的にイメージして慣れましょう～

第1章 売買契約

> ここでは、①どうすれば、売買契約が成立するのか、
> ②売買契約によってどんな権利が発生するのかを学んで
> いきます。
>
> 法律の新しい言葉がたくさん登場します。ただ、言葉の
> 定義を覚えるというよりは、何となくこんな感じかな、
> と人に説明できるレベルにしておけば十分ですよ。

　売買契約というと、何か高額な商品を売り買いする場合と思うかもしれませんが、私たちが**コンビニで物を買うこと、これも立派な売買契約**です。

　まずは、その売買契約は、どうやったら成立するのかをみていきましょう。

乙は「Ａ土地を買いたい」と思っていて、そして、甲は、「資金力もある乙なら売ってもいい」と思っていました。ある意味、相思相愛の状態です。

では、どうすれば契約になるのでしょうか。

恋愛で考えてみてください。お互いがお互いを好きな状態でした。どうすれば2人はお付き合いを始めるでしょうか。

告白が必要ですね。

「片方が告白して、片方がそれに対してＯＫを出す」。これでお付き合いが始まります。

売買契約も、同じようなものなのです。

まずどちらかから話を持ちかけます。

この図では、甲が乙に「買いませんか」と話を持ちかけています（もちろん逆側から「売ってくれませんか」と持ちかけることもできます）。

このように、**話を持ちかけることを申込みの意思表示といいます**。

申込みの意思表示に対して、「いいですよ」とＯＫを出したようです。このＯＫサインを**承諾の意思表示**といいます。

売買契約は、この時点で、成立します。

この図は、一般的な売買契約の流れを示しています。この流れの中で、**売買契約が成立したと評価されるのは、承諾の意思表示の時**です。

申込みと承諾、この2つだけで売買契約は成立したと扱われる、**口約束の段階で契約は成立している**のです。

契約書の作成をして契約が成立するわけではありません（コンビニで何か買った時に、契約書なんて作りませんね）。

諾成契約という言葉があります。

「諾」というのは承諾の「諾」、「成」というのは成立の「成」のことを指します。**承諾で成立する契約**、これが諾成契約というものです。

民法では数多くの契約を学びますが、その**契約の9割以上が諾成契約**です。

では条文で確認しましょう。

555条（売買）
　売買は、当事者の一方がある財産権を相手方に移転することを約し、相手方がこれに対してその代金を支払うことを約することによって、その効力を生ずる。

「約する」とは意思を出すという意味です。

この条文には、「約することによって効力を生じる」と書いてあり、意思を出した時に効力が生じると規定しています。

（契約書を作って効力を生じる、という記載ではありませんし、お金を払って効力を生じる、という記載にもなっていません。）

ではこの条文、効力を生じると言っていますが、その効力とは何なのでしょう。次の図を見てください。

売買契約の効果
①代金債権（債務）・引渡債権（債務）の発生
②所有権移転

ここを１つ１つ説明しましょう。

売った方から買った方に対して、矢印が伸びています。これが債権という権利です。

売主は買主に「お金を払ってください」と言いたいはずです。
民法はこれを権利として認めています。これを**「売主は買主に代金債権という権利を持つ」**と表現しています。

矢印を持っている方から、矢印が刺さっている方に対して「○○しろ」と請求できる権利が債権です。

一方、この矢印は、買主から見ると代金債務と呼ばれます。
債務というのは義務です。ここでは代金を支払う義務のことをあらわします。

ここまでの話は、易しいことを難しく言ってるだけなのです。

「売った方は買った方にお金を払えと言える」し、

「買った方は売った方にお金を払う義務がある」という当たり前のことを、代金債権、代金債務という言葉を使って表現しているだけなのです。

👆**Point**

債権：人に対して一定の行為を請求する権利

債務：債権に対応する義務

1つの矢印をどちらから見るかによって、呼び方を変えています。**矢印を持っている方から見ると債権、矢印が刺さっている方から見ると債務**と呼びます。

買主から売主に対しては、「買った土地を渡せ」という引渡債権を持ちます。これは、矢印が刺さっている売主からすれば、売った土地の引渡債務となります。

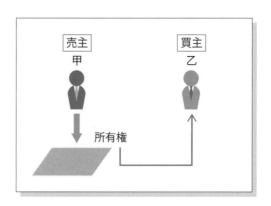

図の中に、所有権という用語があります。この所有権は、「自分のものだと主張できる」権利です。

この権利、もともと売主が持っていましたが、それが、売買契約によって買主

に移ります。

　このように移ることを、法律用語ではかっこよく「所有権移転」と表現しています。

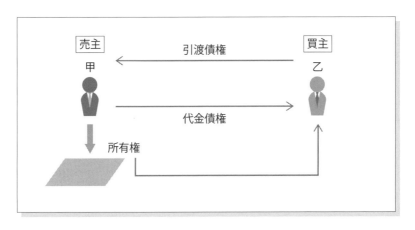

　今まで説明した効果を上の図でまとめました。

　売主が買主に「お金を払え」という矢印を持ち、買主は売主に「物を渡せ」という矢印を持ちます。

　そして所有権という権利が、買主に移ります。

　これが売買契約の効果です。

　この効果は民法のどこに掲載されているかというと、

条文では掲載されていません。

　民法には数多くの条文がありますが、ルールのすべてが条文に載っているわけではありません。当たり前過ぎることは、条文にも載っていないのです。

上の図は、ざっくり言えば

「**何があったら**」（ここが法律要件）、「**何が起きる**」（ここが法律効果）という関係を表しています。

つまり、売買契約という法律要件が完成すると、代金の矢印（代金債権）、引渡しの矢印（引渡債権）が発生し、所有権の移転が生じる関係を示しています。

民法の勉強のほとんどが、"何があったら、何が起きる"を追いかける作業になります。

この組合せはかなりの数がありますが、ここでは、あと2つご紹介しましょう。

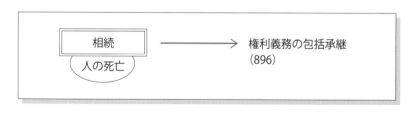

相続があると、権利義務の包括承継が起きるという組合せになっています。

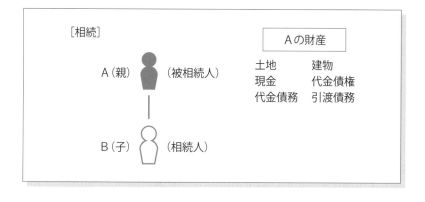

親と子供がいて、横には親の財産がいろいろあります。

ここで、親が死亡しました。

死亡することによって、相続が起きます。

　まず、肩書きが付きます。死んだ方には被相続人、そして、生き残った方（正確な定義は後で説明します）には相続人という肩書きが付きます。

　上の図の中に、包括承継という用語が載っています。

　包括という字は、「包」むという字と一括の「括」から作られています。**財産を包んで、一括してドンと降りる**、こんなイメージを持ってください。

　そして降りてくるものは、全財産です。例えば、被相続人が負っていた代金債務や引渡債務など、義務も降りてきます。

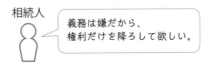

相続人

義務は嫌だから、
権利だけを降ろして欲しい。

そんなことは許されず、権利義務を問わず、全部まとめてドンと降りてきます。
これが相続の効果です。

896条 (相続の一般的効力)
　相続人は、相続開始の時から、被相続人の財産に属した一切の権利義務を承継する。ただし、被相続人の一身に専属したものは、この限りでない。

　本条のポイントは、1行目の「一切」という用語。あともう1つは、権利義務の義務という用語です（ただし以降の文章は、後に説明します）。

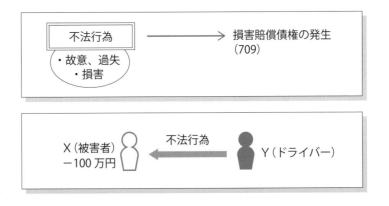

　交通事故をイメージしてください。上の図のYが、Xを交通事故ではねてしまい、Xに損害が生じました。
　例えば、治療費が必要になった、給料がもらえなくなったとか、そういった損害が合計で100万円生まれたとしましょう。
　これはYのせいで生じた損害です。そこで、Xは、Yに対して請求できる権利を持ちます。

債権とは、「○○しろ」というイメージだと言いましたね。

今回の損害賠償債権というのは、Ｘ（被害者）が、Ｙ（加害者）に対して「100万円分、損害賠償をしろ」と請求できる権利を意味します。

では、この不法行為がどうすれば成立するか、条文を見ましょう。

709条（不法行為による損害賠償）
　故意又は過失によって他人の権利又は法律上保護される利益を侵害した者は、これによって生じた損害を賠償する責任を負う。

１つ目のポイントは、「**故意又は過失**」という用語です。

故意というのは、「わざと」

過失というのは、「うっかり（不注意）」というニュアンスです。

交通事故で考えてみてください。怪我をさせようとわざとひく、これが故意、わき見運転でひいてしまう、これは過失です。

もう１つは、「利益を侵害」という用語、これは**損害が生じること**を指します。そのため、いかに滅茶苦茶なことをされても損害がなければ、損害賠償を請求することはできません。

要件はもっとあるのですが、まずは「損害」「故意又は過失」の２つを押さえ

てください。

今一度この条文を見てください。
交通事故に限定している条文でしょうか。

交通事故に限定していませんね。不法行為というのは、交通事故に限った場合でなく、**損害賠償請求したい時に、オールマイティーで使える条文**なのです。

問題を解いて確認しよう

1	売買契約を成立させるためには、契約書の作成が必ず必要である。〔オリジナル〕	×
2	売買契約の買主は、代金債務を負う。〔オリジナル〕	○
3	相続財産として、土地所有権・代金債務・有価証券がある場合に、相続人は代金債務以外を包括承継することになる。〔オリジナル〕	×

×肢のヒトコト解説

1 意思の合致の時点で契約が成立するので、契約書の作成は不要です。

3 権利義務すべてが承継されます。

第2章 代理制度

これからやる代理という制度は、本試験で多くの出題が
あるところです。
まずは、①そもそも代理というのはどういう制度なのか、
②代理が成立するための要件は何か、③頼まれてもいな
いのに代理した場合はどうなるか、こういったことを学
習しましょう。

「人に頼んで、物を買ってきてもらおう」とする場合、頼み方には2つの種類
があります。

　左側の人（本人）が、「土地を買ってきてくれ」と頼み、頼まれた真ん中の人
（代理人）が売主と交渉して「1,000万円で買う」と決めてきました。
　今回、「土地を買ってきて欲しい、値段交渉は任せるよ」と頼んでいました。
つまり、頼まれた人に「代金を決める」裁量があったのです。このように、**裁量
を与えて任せた場合を、代理**といいます。

前の図は、契約内容をすべて決めた上で頼んでいるようです。**頼まれた人には裁量がなく、決まったことを伝える**ことがお仕事です。

こういう人を使者といい、ざっくりいえば「お使い」というイメージです。

このように、頼まれたといった場合でも、裁量があるケースと裁量が全くないケースで分かれてきます。これからやるのは、裁量があるケースの代理です。

第1節 任意代理

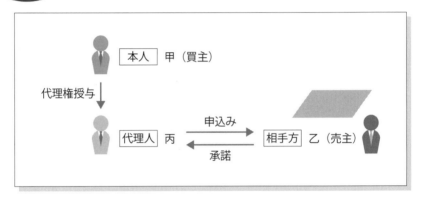

甲は、丙に、「乙の土地が欲しいから、値段交渉をして買ってきて欲しい」と頼みました。

こういうのを代理権授与と呼びます。「**裁量を与えて頼むこと**」と思ってください。

これにより、甲と丙に肩書きがつきます。頼んだ甲を本人、頼まれた丙のことを代理人と呼ぶことになります。

そして、代理人丙が、乙と交渉してきます。

申込みと承諾が合致したところで、契約が成立となります。

では、この契約は誰と誰との間の契約となるのでしょうか。

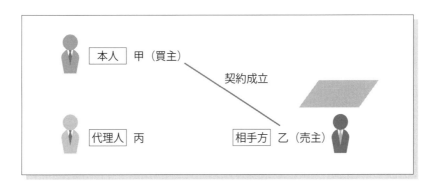

甲乙間で契約が成立したことになります。

　だから、乙が代金債権を持つ相手は甲、甲が引渡しの債権を持つ相手は乙になり、乙が持っている所有権は、「乙から丙に行って、甲に行く」のではなく、「乙からダイレクトに甲」に行くことになります。

覚えましょう

　代理の効果は、すべて本人に帰属する

　代理の効果は全部本人に帰属します。代理人には一切効果は帰属しません。

　繰り返しになりますが、代金の矢印は、相手方から本人に向かって刺さります。本人が払わなくても、**代理人には代金債権は向かっていません**から、代理人に払う義務は全くありません。

第2節 法定代理

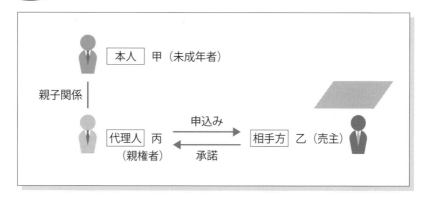

甲という未成年者がいて、丙という親権者（親と思ってください）がいます。このように親子関係があると、**親は自動的に代理権を持ちます**。

> **824条（財産の管理及び代表）**
> 　親権を行う者は、子の財産を管理し、かつ、その財産に関する法律行為についてその子を代表する。ただし、その子の行為を目的とする債務を生ずべき場合には、本人の同意を得なければならない。

代表するという言葉、これは代理という意味で使っています。

このように、**法律が代理権を与えている**ということから、これを**法定代理**と呼んでいます（一方、代理権の授与をして代理権を与えた場合は、**任意代理**と呼びます）。

法律が代理権を与えている、これが先ほどの例との違いですが、後の処理は同じです。

「代理人が乙と交渉してくる→交渉がまとまると、甲乙間で契約になる→所有権は乙から甲に飛んで行き、債権債務は甲乙間で発生し合う」という状態になります。

覚えましょう

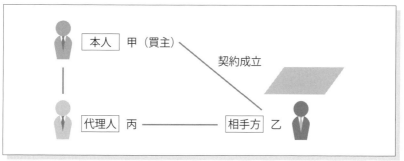

代理行為が成立する要件

① 本人 甲が権利能力を有すること
② 代理人 丙が代理権を有すること
③ 代理人 丙が 相手方 乙に対して顕名をすること
④ 代理人 丙と 相手方 乙との間に有効な契約が成立すること

代理行為が有効に成立するためには、①から④までの要件が必要です。

この4つをすべてクリアすると、直接甲に効果帰属します。

（1）権利能力について

Point

権利能力：権利義務の帰属主体となりうる地位

　　　　→　「人」が持つ

　　　　→　「人」とは、自然人・法人

権利能力とは、私は「**権利を持てる能力、義務を負える能力**」と説明しています。

そして、この**能力を持つのは、人**です。

法律の世界で人といった場合は、**自然人と法人**を指します。

自然人とは我々生きている人間のことです（ジャングルの奥地で狩猟採集を中心に生活している人だけではありません）。

　法人とは、今の段階では、会社と思ってください。だから会社が所有権を持つ、会社が代金債務を負うことができるわけです。

　一方、動物には権利能力がありません。そのため、犬小屋に「ポチの家」と書いておくのは、誤解を招く表現かもしれません。

　話を戻すと、本人甲に権利能力が必要なので、
　本人が　田中さん→自然人→ＯＫ
　本人が　会社→法人→ＯＫ
　本人が　ポチ（犬）→ＮＧとなります。

　代理人が物を買った場合、相手方乙の所有権は、本人甲のところに飛んできます。**本人に所有権が飛んで行く以上、その本人に所有権をキャッチできる能力が必要**になるのです。

（2）代理人が代理権を持つことについて

　任意代理であれば代理権の授与があることが必要ですが、法定代理であれば代理権の授与は不要です。

（3）顕名をすることについて

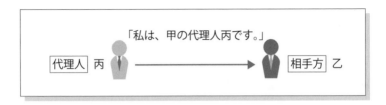

「私は、甲の代理人丙です。」
代理人　丙　→　相手方　乙

　もしここで丙が乙に対し、「私は丙です。売ってください」と言ったら、乙は誰が買うと思うでしょうか。
　丙が買うと誤解するのではないでしょうか。

そこで、

代理人 丙

> 私は甲の代理人丙です。
> 私自身が買うんじゃないんです。甲が買うんです。

ということを相手方に伝える必要があるのです。これが顕名の制度です。

(4) 有効な契約が成立することについて

　例えば、丙乙間の売買契約が無効という状態になった場合、効力が生じないため本人に効果帰属させることができません。

　ここまでの要件を条文で確認してみましょう。

99条（代理行為の要件及び効果）
　代理人がその権限内において本人のためにすることを示してした意思表示は、本人に対して直接にその効力を生ずる。

　顕名が「本人のためにすることを示してした」という言葉で表現されています。また、代理権が「権限内」という言葉で表現されています。
　そして「本人に対して直接に、その効力を生ずる」というところに、本人に効果帰属することが規定されています。

　ただ、要件がすべて載っていないことに気付いたでしょうか。
　本人が権利能力を持つこと、有効な契約が成立すること、こういった当たり前過ぎることは、条文に載っていません。

(5) 無権代理

113条（無権代理）
　代理権を有しない者が他人の代理人としてした契約は、本人がその追認をしなければ、本人に対してその効力を生じない。

代理権がない人が、勝手に代理行為をしてしまったような場合です（こういう代理を無権代理と呼びます）。

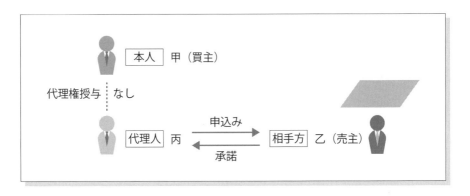

丙は、甲が土地を買いたがっているのを知っていました。そして、甲が望んでいた条件の土地が売りに出されていました（その土地の所有者は乙です）。

普通だったら、丙は甲に話を持っていって、代理権をもらって、乙と売買契約の交渉をするべきです。

ただ、ここで丙は代理権をもらわずに、勝手に乙のところに行き、顕名して、売買契約をしてしまったのです。

では、これで甲に効果帰属するでしょうか。

しませんね。

先ほどの要件の中の**代理権を有するという要件②をクリアしていない**ので、甲に効果帰属はしません。

だから、甲は所有権を持たないし、また、代金債務を負うことにもなりません。

もし、**代金債務を負うとしたら、本人がかわいそう**ですね。

自分の知らないところで、誰かが自分の代理人として動いて、その結果「代金3,000万円払いなさい」となったら、本人はやってられませんよ。

ある意味、本人の利益のために、効果帰属しないとしているのです。

ただ場合によってはこんなこともあるはずです。
丙が甲のところに行って、

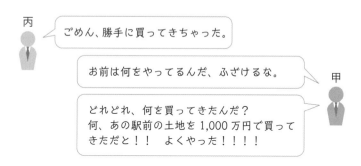

丙　ごめん、勝手に買ってきちゃった。

甲　お前は何をやってるんだ、ふざけるな。

甲　どれどれ、何を買ってきたんだ？
何、あの駅前の土地を1,000万円で買って
きただと！！　よくやった！！！！

このような事例もあるかもしれません。

　ただ、この時点では、甲は所有権を持ちません。**無権代理をした場合、その時点では本人に効果帰属しない**からです。

　そのため、甲は**自分に効果帰属させたければ、別個に意思表示をする必要**があります。

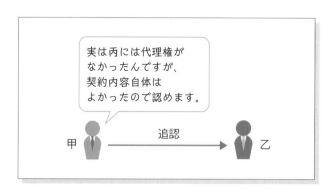

甲　実は丙には代理権が
なかったんですが、
契約内容自体は
よかったので認めます。

甲　──追認──▶　乙

上記のような行為を追認といいます（追って認めるという字を使っています）。

この追認という行為があれば、本人に効果帰属します。

乙から甲へ所有権は移転してきて、甲は引渡債権を持ち、代金債務を負う状態になります。

以上が113条の内容で、「**無権代理は原則、効力は生じない。本人の追認があると効力が生じる**」という結論です。

116条（無権代理行為の追認）
　追認は、別段の意思表示がないときは、契約の時にさかのぼってその効力を生ずる。ただし、第三者の権利を害することはできない。

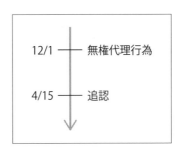

　例えば、12月1日に丙が勝手に売買契約をして、それを4月15日に本人甲が認めた場合、甲はいつから所有権を持つのでしょうか。
　これは12月1日です。
　4月15日に追認した効果が、昔に戻って、12月1日から所有権を持っていたという扱いになります。

　法律ではこういうことはよくあります。
　前に戻って効力発生、こういうのを遡及効（そきゅうこう）と呼びます。

　ちなみに、4月15日だろうが12月1日だろうが、どっちでもいいんじゃないかと思いたくなるところですが、これによって大きく変わってくることがあります。
　例えば、固定資産税です。
　固定資産税というのは、1月1日の所有者に課せられる税金です。
　つまり、**12月1日から所有者だったと考えるか、4月15日から所有者だった**

と考えるかによって、**固定資産税が売主乙にかかるのか、本人甲にかかるのか**が**違ってくる**のですね。

　ちなみに、この追認ですが、甲は追認するかどうかは自由です。

　追認する義務なんてありませんし、むしろ、追認拒絶ということもできます。

本人甲
・追認権
・追認拒絶権
・なにもしない

　結局、無権代理をされた本人甲には選択肢が三つあります。

　契約内容を気に入れば、追認。

　契約内容を気に入らなければ、追認拒絶してもいいし、放っておいてもいいのです。

　追認をしなければ効果帰属はしませんから、放っておいてもいいのです。

　ただ売主乙が淡い期待を持つこともあるので、「いやいや、追認なんかしないからね」と確定的に意思を伝えることもできます（これが追認拒絶です）。

（6）相手方から本人への催告

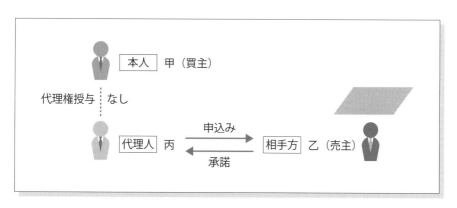

　丙が代理権を与えられていないにもかかわらず、売買契約をしてしまいました。

　ここで注目して欲しいのが売主乙の立場です。

乙は、「俺、どうすればいいの？」という状態になっているのです。

　本人甲が追認と言えば、渡す準備に入るし、拒絶と言えば渡さないで、他の買主を探すことになります。

　ただ、どっちか決まっていません。

　このままでは、売主乙はどうすればいいか分からない、不安の毎日になります。

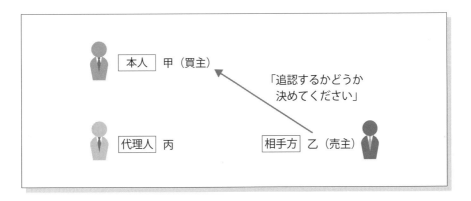

　この場合、売主乙は本人甲に対して「**追認するかどうか決めてくれ**」と、「もう待ってるのは嫌だ」と意思を出せます（これを催告といいます）。

　その催告の結果、本人甲が追認すると決めれば追認で決まりだし、拒絶するといえば拒絶で決まりです。

　ただ、無視した場合どうすればいいのでしょう。

　催告を無視した場合が、条文に規定されています。

114条（無権代理の相手方の催告権）
　前条の場合において、相手方は、本人に対し、相当の期間を定めて、その期間内に追認をするかどうかを確答すべき旨の催告をすることができる。この場合において、本人がその期間内に確答をしないときは、追認を拒絶したものとみなす。

　拒絶したとみなす、と書いてありますね。

　これは、**本人甲の本当の気持ちは考えず、法律の世界では、拒絶で処理しますよ**という意味です。

結果として、**売主乙の不安定な立場は、完全になくなります。**

追認するのか、拒絶するか、無視した場合は追認拒絶となりますので、売主乙の立場は、必ずどれかに決まります。これが114条の内容です。

(7) 無権代理人に、責任追及する

117条（無権代理人の責任）
1　他人の代理人として契約をした者は、自己の代理権を証明したとき、又は本人の追認を得たときを除き、相手方の選択に従い、相手方に対して履行又は損害賠償の責任を負う。
2　前項の規定は、次に掲げる場合には、適用しない。
　①　他人の代理人として契約をした者が代理権を有しないことを相手方が知っていたとき。
　②　他人の代理人として契約をした者が代理権を有しないことを相手方が過失によって知らなかったとき。ただし、他人の代理人として契約をした者が自己に代理権がないことを知っていたときは、この限りでない。
　③　他人の代理人として契約をした者が行為能力の制限を受けていたとき。

丙が無権代理をし、甲が追認をしてくれません。この場合、乙は怒り心頭で丙のところにいくでしょう。

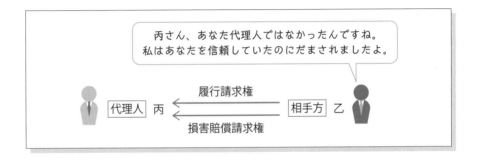

　この場合、相手方乙は、無権代理人丙に対し、責任追及ができます（この責任は117条責任と呼ばれています）。

　このときの責任追及の内容は、**履行を求めること**と**損害賠償請求をすること**です。

　履行を求めることとは、下のようなイメージです。

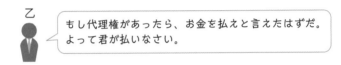

　また、履行の代わりに損害賠償請求もできます。

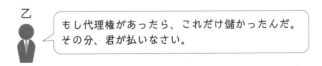

　乙としてみれば、土地の代金分のお金が欲しいなと思えば履行を求めればいいし、儲かる分だけ追及しようと思えば損害賠償請求を選べばいいのです。

　ではどんな要件のもとで追及できるのかを、次の図で説明しましょう。

◆ 無権代理人の責任追及の要件 ◆

要件	①無権代理行為があること ②代理人が代理権を証明できないこと ③本人が追認をしないこと ④代理人が制限行為能力者の制限を受けていないこと ⑤相手方が善意・無過失であること
効果	相手方は、履行又は損害賠償を請求できる

①②③は、ほぼ当たり前の内容です。

代理権があればこんな話にならないし、追認があっても、こんな話にならないですよね。そのため、意識する要件は④⑤です。

④　現時点では、これは未成年者のことだと思ってください。

未成年者は、成年者と比べて能力が劣っています。この**能力が劣っている人に、117条責任という重い責任を課すのは酷だろうといった配慮**が表れている部分です。

⑤について説明します。

Point

善意：知らないこと
悪意：知っていること

もともと外国から輸入して、民法を作ったのですが、その翻訳の時に、直訳をしてしまっている箇所があります。そのため、法律の言葉の中には、どう考えても、今の日常会話とは違う言葉の使い方があります。

その最たる例が、この善意、悪意という言葉です。

一般的には善意といえば善人、悪意といえば悪人、みたいなイメージを持ちますが、法律では、そのイメージではなく、

善意といえば知らない、悪意といえば知っているという意味なのです。

この辺りは外国語の単語を覚えるような感覚で、覚えてください。

今回の事例で言うと、無権代理ということを知らないことが要求されます。つまり、「丙に代理権があると信頼していた」ことが必要です。

そして、それだけでは足りず、「無過失」も必要です。過失とは落ち度という意味なので、無過失とは落ち度がない、「しっかり注意して代理権があるかどうか調べていました」ということを意味します。

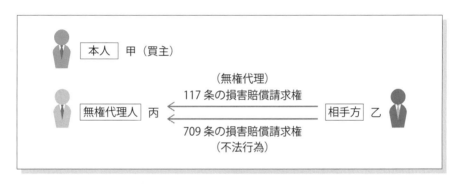

上の図を見てください。**乙が丙に対し損害賠償請求したければ、117条責任だけでなく、不法行為（709）という手段もあります。**

不法行為は、損害賠償のオールマイティーなので、今回のような無権代理の事案であっても、損害賠償を請求したければ、不法行為という手法で攻めることもできます。

この乙に損害が100万円あったとしたら、損害賠償請求権は、117条で100万円が1本、709条で100万円が1本あることになります。ただ、2つ使って200万円取るなんてことはできません（**それだと儲けることになります**からね）。

つまり100万円しか取れないけど、取れる理由が2つあるのです。

1つ認めればいいじゃないか、と思うところですが、**それぞれの債権が使える場面が違います。**

Point

不法行為に基づく損害賠償
［要件］　①加害者丙に故意・過失があること
　　　　　②相手方乙に損害があること

　不法行為で攻める場合には、「加害者である丙に故意や過失があること」そして「相手方乙に損害があること」が要件として必要になります。

　一方、117条で攻める場合は、**丙の故意過失は要件になっていない**のです。
　つまり117条で攻める場合は、**無権代理人に落ち度があろうがなかろうが請求できる**のです。

　このように落ち度があろうがなかろうが責任追及ができる場合を無過失責任といいます。

　この無過失責任というのは、訴訟において、相当重要です。
　故意過失があるかないかというのは、訴訟でかなり揉める点だからです。

　709条で攻めた場合は、この故意過失があるかどうかを、訴訟において調べることになります。
　一方、117条で攻める場合は、丙の落ち度があろうがなかろうが責任追及できるので、こういった揉め事を避けて訴訟ができるのです。
　こういった点で、117条は丙の故意過失を要件にしないので、楽に攻めることができます。

1	権利能力者（権利能力を有する者）は「人」であるため、法人には権利能力がない。〔オリジナル〕	×
2	無権代理行為の相手方は、本人に対して追認するか否かを確答すべき催告をすることができる。この催告に対して、本人が答えない場合、追認したものとみなされる。〔オリジナル〕	×
3	AとCの取引で、Aが、Cの代理人Dに代理権のないことを知っていた場合、Aは、117条に基づいてDに対して無権代理人の責任を追及することができる。〔62-2-4改題〕	×

ヒトコト解説

1 法人も人と扱われていますので、権利能力があります。

2 追認拒絶と扱われます。

3 悪意の場合には、117条の責任追及はできません。

第3章 債権者平等の原則と担保物権

話は変わって、お金を貸し借りする話に移ります。
貸したお金を回収できなければ、人は、他人にお金を貸
したりはしません。
では、どうすれば回収できる状態にして、安心してお金
を貸せるのでしょうか。

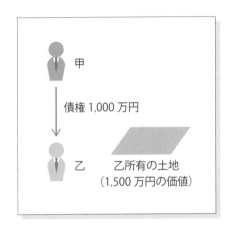

甲

債権 1,000 万円

乙　　乙所有の土地
　　　（1,500 万円の価値）

　甲と乙が「1,000万円貸す」という借金契約をしました（この**借金契約のこと
を、法律では、金銭消費貸借契約と呼びます**）。
　この場合、甲から乙に対し**貸金債権が発生**します。これは、「貸したお金を返
せ」と請求できる権利です。

　この場合、約束の日までに、乙はお金を払う義務が生じます。もし払わなけれ
ば、甲は乙が持っている土地を強制競売にかけて、競売で生まれた代金から回収
する流れになります。
　以上のことから、1つ取引上の常識がわかります。

取引の常識
甲は、乙に金を貸す際に、乙の資産状態（資力ともいう）を確認してから貸す

　お金を貸した場合、最悪の事態は強制執行です。その最悪の事態も考えてお金を貸すのです。

　だから、貸す側の甲は（大体は銀行ですが）、乙が金を借りたいと言ってきたら「どんな財産がありますか」と聞きます。

　乙が「僕700万円の土地を持っています。1,000万円貸してください」と言ってきたら、1,000万円はまず貸しません。せいぜい700万円ぐらいしか貸さないでしょう。

　このようにお金を貸す人は、「**最悪の事態は強制執行→財産を売り払う可能性がある→どんなものを持っているのか？**」と、調査してから、その財産の価値の範囲内でお金を貸すのです。

　乙がお金を借りた相手が1人なら、これで安心です。

　ただお金を借りる人は、いろんなところから借りるものです。多重債務者という言葉があるぐらい、お金に困るといろんな人から借ります。そうなると、今の話が崩れていきます。

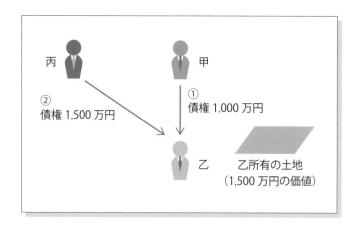

　乙は「自分には1,500万円の土地がある」と甲に話を持ちかけ、1,000万円を借りた後、丙に対しても「1,500万円の土地がある」と話を持ちかけて1,500万円借りています。

　そして、乙はこのお金を借りた後にすべて使い込んでしまって、一銭も現金が残っていません。この後、乙が払えなくなり、甲（又は丙）がこの土地を強制競売にかけました。

　ここで問題が出てきます。
　土地が売られて出てくる現金が1,500万円、2人が貸し付けた金額は2,500万円、**つまり、足りないんです。**
　このように足りない場合はどうやって配当するのかというと、「**金額に応じて**」**配当する**ことになっています。

　具体的にいうと、この甲の貸した金額と丙の貸した金額は1,000万円と1,500万円です。比率に直すと2：3になります。

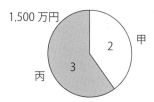

　この円グラフの大きさが1,500万円と思ってください。
　これを甲が2、丙が3で分け合うことになります。

　この場合、全体の大きさが5、甲が持っているのが2、だから1,500万円に5分の2を掛けて計算します（一方、丙は5分の3を掛けることになります）。
　その結果、甲が600万円、丙が900万円の配当を受けることになります。

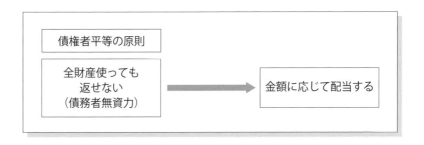

ここで注意してほしいのが、貸した順番通りに配当するわけではないということです。**順番に関係なく、債権者であれば平等に配当を受けられる**ようにしているのです。

　その結果、甲も丙も取りっぱぐれることになります。**財産があるから安心してお金を貸したのに、それぞれ取りっぱぐれている**のです。

　財産を確認してお金を貸しても、あとからお金を貸す人が増えてきたら、取りっぱぐれてしまう、ここで終わりにしてしまったら、**誰もお金を貸さなくなります。**

　これでは、銀行などが融資できない事態になり、社会経済的にまずい、ということで、取りっぱぐれない手段を作ることにしました。

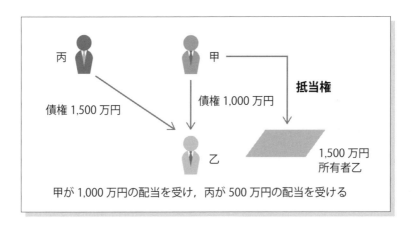

　甲は乙にお金を貸しています。ただ、先ほどと違って甲はもう1つ権利を持っています。抵当権という矢印があるのに気付くでしょうか。

　単にお金を貸しただけでなく、抵当権を持つと、配当がガラッと変わります。

「**抵当権を持っている人が先に回収して、余りを丙がもらう**」という処理になるのです。

担保という言葉があります。これは、「**回収を確実にする**」という意味で使われています。今回、抵当権を持つことによって、持っている債権の回収ができるようになっています。

この抵当権のことを担保物権（回収するための物権）、そして甲が持っている債権を被担保債権（回収が予定されている債権）と呼びます。

最後になりますが、配当の仕方について、まとめておきましょう。

👆**Point**

配当の仕方
原則は債権者平等（順番関係なく、債権額に応じて平等にもらえる）
ただ、抵当権を持っている人がいれば、抵当権を持っている人が先に回収する

まずは、このように考えておきましょう。
では、今の事例ですが、契約状態を確認していきます。

```
金銭消費貸借契約    貸主（債権者）甲 ── 借主（債務者）乙

抵当権設定契約     抵当権者　甲 ── 設定者 乙
```

抵当権を持つと配当が変わりますが、抵当権は自動的に生まれるわけではなく、抵当権を発生させるには契約が必要です。

上の図では契約を2つしています。1つが借金契約、もう1つは抵当権を発生させる契約です。

その契約ごとに、当事者には肩書きが付きますが、気を付けてほしいのが設定者という肩書きです。

この設定者という肩書きを見ると、抵当権を付けた人とみえるかもしれませんが、むしろ逆で、抵当権の矢印が刺さっている人のことを指します。

　ちなみに今回の乙は、債務者兼設定者と呼ばれます。
　乙は借金契約では債務者の立場、抵当権設定契約では設定者の立場ということで、債務者兼設定者と呼ばれるのです。ちなみに設定者というのは、通常は所有者と思ってください。

　一方、甲は、債権者兼抵当権者とは呼びません。**抵当権者であれば必ず債権者になる**から、わざわざそのように呼ばないのです。
　債務者と設定者は同じ場合と、同じではない場合があります。だから、同じ場合はあえて債務者兼設定者と呼んでいるのです。
　ここからは、債務者と設定者が別人というケースを見ていきます。

　乙がだめな息子、丁がそのお父さんです。だめな息子がお金を借りようと思っていますが、だめな息子だけでは、どこの金融機関もお金を貸してくれません。
　ただ、ある金融機関が

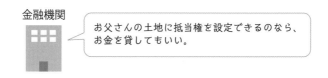

と言ってきたので、だめ息子は、父に頼んで抵当権を設定してもらうことになりました。
　ここで、借金契約、抵当権設定契約は誰が行うのでしょうか。

　借金契約は金融機関とだめ息子、抵当権設定契約は金融機関とお父さんで行い

ます。債務者と設定者が同じ人になっていない状態です。

次の図を見てください。

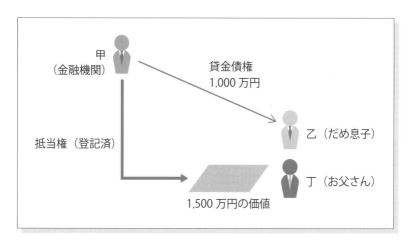

今回の**丁のことを、物上保証人といいます。**

ここの**「債務」は、支払いをする義務、**
ここの**「責任」は、強制執行を受けること**と思ってください。

貸金の矢印は、誰に刺さっていますか？　だめ息子乙に刺さっています。
一方、抵当権の矢印は、お父さん丁の土地に刺さっています。
物上保証人は、貸金債務は負いません。ただ、**抵当権が自分の土地に刺さっているため、責任を負います。**
つまり、**息子が払えなければ、お父さんは自分の不動産を競売にかけられる**ことになるのです。

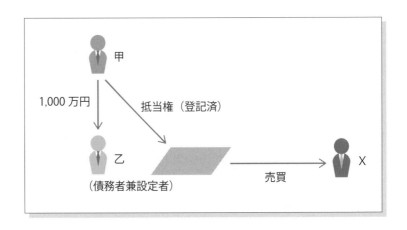

　乙が土地を持っていて、お金を借りて抵当権を設定する。初めは債務者兼設定者という状態でした。

　今回この乙が、土地をXに売っています。抵当権が刺さっている土地をXに売っているのです。その後の権利関係が、次の図です。

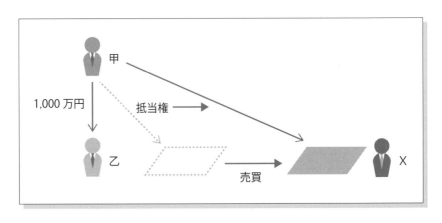

　Xは、抵当権が刺さった土地を買っています。だから、買った後、抵当権はくっついてきます。

　このXのことを第三取得者といいます。

　抵当権の付いた土地を買った人のことを第三取得者と呼び、**この人の立場は物上保証人とほぼ同じ**です。

　債務は、乙が負っているので、Ｘには支払い義務はありません。ですが、**抵当権の矢印はＸの土地に刺さっている**ので、Ｘは責任を負います。債務は負わないが責任を負っている状態になっています。

　つまり、乙が借金を返さなければ、Ｘは、買った土地を競売にかけられてしまうのです。

　中古の不動産を買う時は、前の所有者が抵当権を付けているかどうかを確認しないと怖くて買えませんね（確認する方法は、56ページで説明します）。

問題を解いて確認しよう

1	金銭消費貸借契約をすることによって、抵当権は当然に設定されたこととなる。〔オリジナル〕	×

ヒトコト解説

1　借金の契約とは別に、抵当権をつけるという契約をしないと抵当権は設定されません。

第4章　債権と物権　その①

ここでは、債権と物権の基本を学びます。
債権・物権のイメージがいえるようにすること、そして
それぞれの代表的な権利「所有権」「地上権」「賃借権」
の内容がいえるようにしましょう。

　民法の権利は債権のグループか、物権のグループか、どちらかに分けられます。
下の図を見てください。

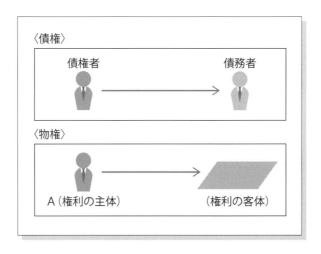

　上が債権の図で、下が物権の図です。**矢印がどこに向かっているかで、分かれ
ています。**

Point

矢印が向かっているのが人、つまり人に向かっている権利を「債権」、
矢印が向かっているのが物、つまり物に向かっている**権利は「物権」**と呼
ばれる

先ほど見た抵当権は、土地に刺さっているから物権のグループに入り、貸金債権は、人に向かっているので、債権のグループに入ります。

　権利関係の図を見る時は、矢印が人に向かっているのか、物に向かっているのかを見るようにしてください。

　この債権、物権は数多くありますが、ここでは有名な債権と物権をいくつか説明します。

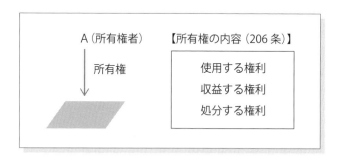

　Aが土地に対し所有権を持っていました。所有権は、土地に刺さっている権利なので物権です。

　では、所有権があったら何ができるのでしょうか。206条に規定されています。

206条（所有権の内容）

　所有者は、法令の制限内において、自由にその所有物の使用、収益及び処分をする権利を有する。

　具体的には、**使用、収益、処分することができます。**

　使用とは、物を使うことをいいます。

　収益とは、貸して利益を取ることをいいます。

　処分とは、売ったり担保を設定したりすることです。

　このように、**所有権を持っていると「使える、貸せる、売れる、担保を設定する」**ことができるのです。

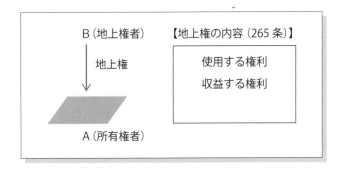

　Aが土地を余らせていました。Bがその土地を使いたいため、AとBで、地上権設定契約をしました。

　それにより、BがAの土地に地上権という物権を持ちます。

　地上権があると、Bは使用収益ができるようになり、所有者であるAは、使用収益ができなくなります。

　地上権設定契約とは、所有権の分割と譲渡をしていると考えるといいでしょう。Aが持っている所有権を、使用・収益・処分の、「使用」と「収益」部分を切り取ってBに渡しているのです。

　その結果、Bが使用収益できるけど、Aは使用収益できないことになるのです。

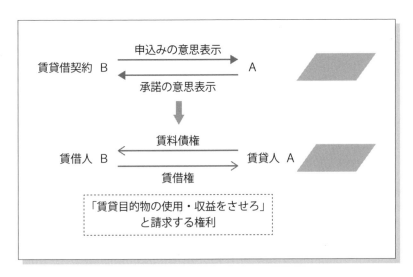

Aが土地を余らせていました。Bがその土地を使いたいため、AとBで土地の貸し借りの契約をしました。これを賃貸借契約と呼びます。

　それによってお互いに権利が発生します。
　AからBには賃料債権「毎月いくら払え」と請求する権利が発生し、一方、BからAには賃借権「使用させろ、収益させろ」と請求できる権利が発生します。
　これによって、BはAに賃料を払う、BはAに土地を使うことを請求できます。

　地上権と賃借権まで学ぶと、この2つ、「何が違うの？」と思うかもしれませんが、これは後で説明します。今は、他人の物を使用収益できる権利が2つぐらいあるんだな、というくらいでとどめておきましょう。

第5章 物権変動

ここは第2編の中でも特に重要です。
この試験でほぼ毎年出題される177条の基礎知識です。
司法書士の仕事の素材になる条文ですので、ここは特に
丁寧に読み込みましょう。

Point

物権変動：物権の発生・変更・消滅

ここでは、物権変動を学びます。

具体的には、物権が生まれたり（例；抵当権が生まれたり）、物権が変わったり（例；所有権が移転したり）、物権が消えたりする話を見ていきます。

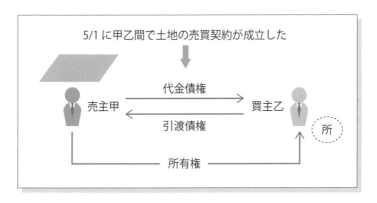

5/1 に甲乙間で土地の売買契約が成立した

売主甲　── 代金債権 →　買主乙　所
　　　　← 引渡債権 ──
　　　　── 所有権 ──

5月1日に、土地の売買契約をしました。

売買契約の効果は、すでに学んだとおり、代金債権、引渡債権の発生、所有権移転です。売買契約の時点で、所有権が移っていることに注目してください。

> **176条（物権の設定及び移転）**
> 物権の設定及び移転は、当事者の意思表示のみによって、その効力を生ずる。

意思表示のみによって、効力を生ずると規定しています。

これは、申込みの意思表示と承諾の意思表示、契約という意思表示だけで所有権が移転するということです。

意思表示（契約）＋役所へ届け出る、ここまでやって所有権が移るとしている国もありますが、日本は契約だけで、所有権が移るという立場をとっています。

この立場を意思主義といいます。**物権変動は意思だけで生じるよ、他の手続は要らない**よ、という立場のことです。

 覚えましょう

物権変動が生じる時期は？（いつ所有権が移転するのか）	
原則	契約の時に所有権が移転する
例外	所有権の移転時期について当事者間で特約を設けることができる

5月1日に売買契約をした時点で、所有権は動いてしまいます。

ただ、これは売主にとっては面白くありません。まだお金をもらっていないからです。

そのため、現実の実務では、売買契約書に一筆書くことが多いです。

> **売買契約書**
>
> 甲と乙は売買契約を締結する。
> 尚、所有権移転は買主乙が代金を
> 完済した時とする。

お金をもらったら、その時に所有権が移りますよ、と縛りをかけることができます。こういうのを、所有権移転時期特約といいます。

公示の原則
物権変動を外部に見えるようにすること（例えば、登記）

「物権変動があったら、目で見て分かるようにしておいて欲しい」、例えば買った物件が不動産だった場合は、登記することが期待されています。

登記という言葉が、初めて出てきましたので、ここで説明します。

Point

一定の事項を広く社会に公示するために公開された帳簿・データに記録する行為又はその記載を登記という。

不動産登記は、不動産（土地・建物）の物理的状況及び権利関係を公示するための登記である。

登記という言葉は、情報公開と思ってください。一方、**不動産という言葉は、土地建物**という意味です。

つまり、不動産登記というのは、土地建物の情報公開制度なのです。

実は、すべての土地、建物に1つずつ情報公開用のデータがあり、600円ないし700円払えば、誰でもそのデータが見られるようにしています。所有者しか見られないというわけではなく、情報公開制度なので、誰であろうと見られます。

実際にはデータがプリントアウトされた紙をもらうのですが、そのデータには何が載っているのかを見てみましょう。

【表　題　部】(主たる建物の表示)			調整	地図番号	余白
【所　在】	杉並区青葉一丁目1番地		余白		
【家屋番号】	1番1		余白		
【①種　類】	【②構　造】	【③床　面　積】㎡	【原因及びその日付】	【登記の日付】	
居宅	木造瓦葺2階建	1階　　65：00　2階　　40：00	平成14年10月6日新築	余白	
【所有者】 <u>千代田区神田三崎町一丁目1番1号　野口太郎</u>					

【権利部(甲区)】(所有権に関する事項)			
順位番号	登記の目的	受付番号他	権利者その他の事項
1	所有権保存	平成14年11月1日第1234号	所有者　杉並区青葉一丁目1番1号　野口太郎
2	所有権移転	平成18年11月1日第2221号	原因　平成18年11月1日売買　所有者　中野区東中野一丁目1番1号　大山花子

【権利部(乙区)】(所有権以外に関する事項)			
順位番号	登記の目的	受付番号他	権利者その他の事項
1	抵当権設定	平成18年11月1日第2222号	原因　平成18年11月1日金銭消費貸借同日設定　債権額　金2,500万円　利息　年3%　損害金　年5%　債務者　大山花子　抵当権者　中野区中野二丁目21番1号　株式会社 東洋銀行

これは登記簿に記載されている事項の全部を証明した書面である。

令和○年5月29日
東京法務局杉並出張所　　　　　　登記官　法　務　太　郎

東京法務局登記官之印

＊ 下線のあるものは抹消事項であることを示す　　整理番号　D17389(1／1)

　情報公開は「表題部」「権利部（甲区）」「権利部（乙区)」、この3つのパートに分かれています。

　表題部とは、物理的な情報公開です。ここを見ると大きさがどれくらいだとか、何階建ての建物かなどが分かります。

権利部（甲区）では、権利の情報公開（所有権だけ）をしています。所有者が誰かを知りたければ、この甲区を見てください。

今回の登記簿を見た時に、誰が所有者と思いましたか？

今の所有者を見つけたければ、登記簿の一番下にいる人を探してください。

今回一番下に書かれているのは、順位番号2（2番の登記と呼びます）で登記されている大山さんです。この方が今の所有者となります。

今度は次の欄、権利部（乙区）を見ましょう。

所有権以外の権利があったら、乙区に入ります。例えば、その土地に抵当権・地上権・賃借権があれば、この乙区に載るのです。

前の節で、「中古物件を買う時は、抵当権が付いているかどうかを確認しないといけない」ということを説明しましたが、その確認は、この乙区を見ることによってできます。

順位番号	登記の目的	権利者その他の事項
1	所有権保存	所有者　A
2	所有権移転	所有者　甲
3	所有権移転	所有者　乙

正式な登記簿を書くと、紙面を大きく割いてしまうので、ざっくりとしたものを記載しました。

上の登記簿は、所有者がA→甲→乙に変わっていて、そのとおりに名義変更をしている状態になっています（この名義変更のことを登記するとか、登記を備えるとか言ったりします）。

ちなみにこの名義変更は、タダではやってくれず、手数料が取られます。具体的には、所有権の名義変更は不動産の価額の1000分の20の手数料（例えば、1,000万円の土地であれば20万円）がかかるのです。

ただ、この名義変更は義務ではなく、名義変更をしないことによって罰金が取られるなんてことはありません。

このように名義変更はタダではなく、しかも義務ではないのですが、不動産を買った方は名義変更をします。

これは、177条という条文があるからなのです。

177条 (不動産に関する物権の変動の対抗要件)
　不動産に関する物権の得喪及び変更は、不動産登記法その他の登記に関する法律の定めるところに従いその登記をしなければ、第三者に対抗することができない。

対抗という言葉が出てきました。これは**「主張する」というニュアンス**です。

条文の、次の3か所に線を入れてください。

「物権の得喪及び変更は」、「登記をしなければ」、「対抗することができない」。

ここだけざっくり言えば、

物権変動があっても（売買契約しても）
名義を変えなければ（登記を備えないと）
主張できないよ（所有者と言わせないよ）

ということを規定しているのが、この177条です。

具体例で説明しましょう。

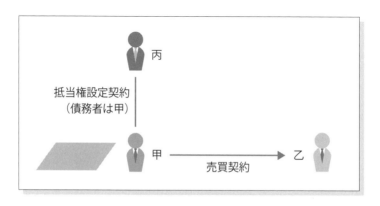

甲が土地を持っているのですが、お金に困っています。

　ここで甲は、この土地を担保に丙からお金を借り、そして、抵当権を付けていることを隠して乙に売っています。

　ここで、丙と乙の望みは完全にぶつかります。

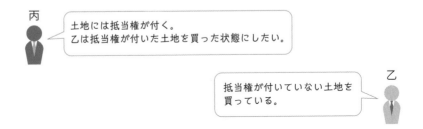

　この2人の望みの両方を叶えることはできないので、何らかの基準で、どちらかの望みのみを叶えることになります。

　では、どういう基準で決めればいいのでしょう。

　一見、抵当権設定の契約日と売買契約の日付の順番で決めた方がいいのでは、と思うところですが、そうはしませんでした。

　もし契約の日付で優劣を決めたら、あとで契約書の日付を書き変えることをやりかねませんね。

　そこで、契約日で優劣を決めるのではなく、登記をしたかどうかで優劣を決めることにしました。

　つまり、**乙が甲区に名義変更を入れたのが先か、丙が乙区に抵当権の登記を入れたのが先か**、それで決めることにしたのです。

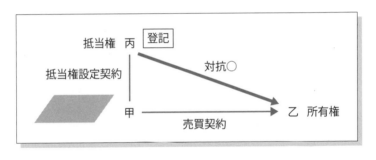

甲が乙に土地を売りました。売った時点で甲から乙に所有権が移ります。

ただ、乙が名義変更していません。名義変更していなければ、乙は丙に対して主張ができず、乙は丙に対して自分が所有者だとは言えません。

一方、甲と丙で抵当権設定契約をしています。この時点で丙は、抵当権を持ちます。そして、丙は、抵当権の登記を乙区に入れていたのです。

すると丙は乙に対して、「自分は抵当権を持っているんだ。君は抵当権付きの物件を買ったんだ」と言えます。

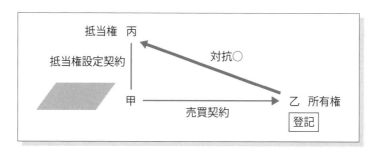

今度は、逆のパターンを作りました。

丙は抵当権を持っていますが、登記をしていません。この状態では、丙は、乙に対し、自分が抵当権を持っているとは言えません。

一方、乙は所有権を持っていて、名義変更の登記もしているようです。

名義変更しているので、乙は丙に対し、「自分が抵当権の付いていないキレイな所有権を持っているんだ」と主張できます（もちろんこの状態になれば、丙は登記することはできません）。

このように、両者の優劣は契約日付の順番で決めるのではなく、登記をしたかどうかで決めることにしました。

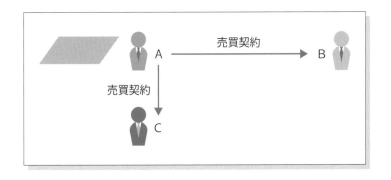

　Aが土地を持っていますが、このAはお金に相当困っています。

　そのため、土地をBに売りながら、それを隠して、Cにも売ってしまっています（こういうのを二重譲渡と呼びます）。

　この場合、Bが所有権を持ち、Cも所有権を持つという処理はできません。

一物一権主義
＝　１つの物に２つの所有権の存在を認めない

　一物一権主義という建前があって、"1つの物には1つの権利、1つの物には所有権は1つ"と決まっています。

　そのため、Bが所有権を持ち、Cも所有権を持つという状態は認められません。

　BかC、どっちが勝ちか決める基準が必要ですが、これを決める基準も、さっきと同じように、契約の日付ではなく、登記をしたかどうかで決めることにしています。

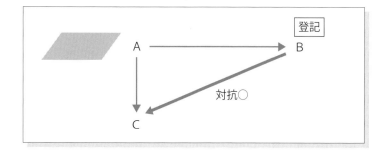

　上の図では、Bが登記をしているので、BはCに「自分が所有者だ」と主張できることになります（この状態になれば、Cは登記をすることはできません）。Bの勝ちということです。

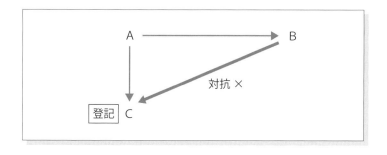

　Cが登記をしている状態です。この状態ではBは対抗することができません。Bに登記がなければ、自分に権利があると主張することができません。

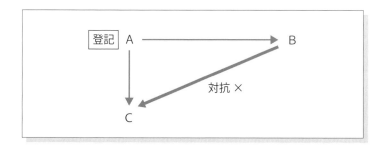

　名義はAのままで、BにもCにも変わっていません。この状態では、BがCに対して所有権があると主張できません。この事例もBに登記がないからです。
　つまり、相手が登記を持っているかどうかで決まるのではなく、**自分に登記が**

なければ主張ができない、これが177条のルールなのです。

 **覚えましょう**

176条　と　177条の関係
（×）意思の合致　＋　登記　→　移転

（○）意思の合致　→　移転
　　　　　　　　＋　登記　→　対抗できる

　売買契約という意思に加えて、登記名義まで取得すると所有権移転が起きるのではなく、売買契約という意思だけで所有権移転が起きると規定しています（これが176条）。

　売買契約という意思だけで、所有権移転は起きますが、この状態では「自分が所有者だ」と言えません。
　この契約した状態に加え、その者が登記名義まで取得すると、「自分が所有者だ」と言える状態になります（177条）。
　これが176条と177条の関係です。

物権変動は目に見えない
　↓
物権変動が分からないままでは、安心して高額な不動産を買えない
　↓
そこで、物権変動が生じたら、登記をすることが望ましい
　↓
権利の公示をしないと対抗力を与えないとして、間接的に公示を強制した

　抵当権が設定されているかどうか、それが**分からない状態では、不動産という高額なものは買えません**。

ただ、抵当権が設定されているかどうかなんて、建物を見ても分かりません（**権利というのは、目で見えるものではありません**）。

　このままでは、**怖くて不動産の取引ができなくなります**。

　そこで、目に見えるように何とかして登記をしてもらいたい、というのが、民法の考えです。その登記をするように仕向けたのが、177条の条文です。

　「登記しないと対抗できないぞ」（対抗できない結果、抵当権付きの不動産を取得したり、二重譲渡で負けたりする）と、**不利益をちらつかせて登記をするように仕向けている**のです。

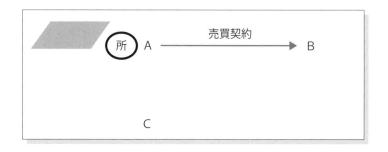

　これから、「二重譲渡ってできるの？」ということを説明します。

　意思主義という建前がある以上、**AがBに土地を売れば、所有権はAからBに飛んでいく、Aには所有権が残りません**。それならば、AがそれをCに売るなんてことはできないんじゃないかと考えるのが素直です。

　民法はもともと**二重譲渡ができるという建前で理論構成をしています**。

　そこで学者の先生は、なぜ二重譲渡ができるのか、ということの理屈を考えました。

　その理屈で一番まともなものが、不完全物権変動説という説で、これは試験でも出題されたことがあります。

　ここからは、この不完全物権変動説について説明しましょう。

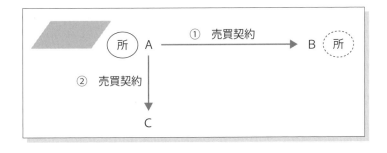

　AがBに土地を売りました。するとAからBに所有権は飛んでいきます。

　所有権は飛んでいきますが、完璧には飛んでいかず、不完全な形でしか飛んでいかないのです。

**　不完全な形でしか飛んでいかないということは、Aにもまだ不完全な形で所有権が残ります。**

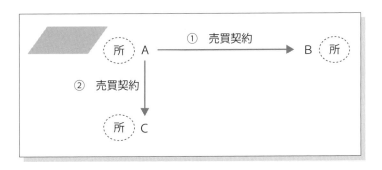

　Aは、不完全ながら所有権を持っています。だからこそ、AはCに売れるのです（これが、二重譲渡できる理屈です）。

　ただ、Aが持っている「不完全な所有権」を売ったとしても、それは、不完全な形でしか移転しません。だから、Aにも「不完全な所有権」が不完全なまま残るのです。

　だからAはDに対しても、更に譲渡できることになります。

　この説明を聞いたところで、なるほどわかったというよりは、なんか騙されている感じがするなと思うのが普通ですし、それで構いません。

　無理やり付けている屁理屈だからです。

ただこの屁理屈、1ついい点があります。

登記するまでは、ＢとＣは所有権を持っている、無権利者ではない、という点です。

ちなみに、このＢとＣ、どちらかが登記をすれば、その所有権が完璧なものになります。だから、例えばＢが登記をすれば、Ｂの所有権が完璧なものになり、ＡとＣの所有権が消えます。

これが不完全物権変動説という考え方です。

【順位番号】	【登記の目的】	【権利者その他の事項】
1	所有権保存	所有者　Ａ

ＢはＡ名義の不動産を買いました。ここで、Ｂは自分名義に変えたいところです。では、どうすれば自分名義に変えられるか、その手続をざっくり説明しましょう。

 覚えましょう

共同申請主義
＝　登記申請は、利益を受ける者　と
　　　　　　　　不利益を受ける者が　共同して行う

登記は、法務局という役所が管理しています。

法務局という役所は、勝手に名義変更をしてくれません。**国民の間で売買契約があり、所有権移転があったことに役所が気付けるわけはない**ので、こちらが申請しないと名義変更をすることができないのです。

これを申請主義といいます（**言わない限りは名義変更しませんよ**、ということです）。

　では、誰が法務局に行けばいいのでしょう。
　一見、名義を取得するＢだけ行けばいいんじゃないかと思うのですが、それでは信用できません。名義を取得する人が、「私が買ったんです」と言っても、嘘をついているかもしれません。**利益を受ける人間の言葉だけでは信用できません。**

　そういったところから、名義を失う売主Ａにも来てもらうことにしました。

> 名義を失うにもかかわらず、申請に来たのであれば、
> これは真実だろう。

　このように考えます。
　不動産登記の基本は、**名義を取得する人と名義を失う人、両方とも来なさい**、というところにあります（共同申請主義といいます）。

　そうなると、不動産を買った時は、買主は売主に「登記所に行こう」と言いたくなるでしょう。判例は、それを権利として認めています。

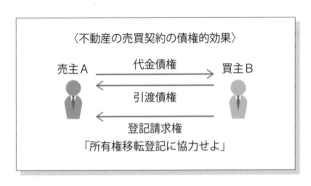

〈不動産の売買契約の債権的効果〉

売主Ａ　　代金債権　　　買主Ｂ

引渡債権

登記請求権
「所有権移転登記に協力せよ」

　不動産の売買契約をした場合は、代金債権・引渡債権とは別に、もう１本債権が発生します。登記請求権という債権です。

具体的には、**登記に協力しなさいと請求する権利**です（もし売主が登記請求に従わなければ、無理やり登記を持ってくることもできます）。

問題を解いて確認しよう

ある土地の所有者Ａが、その土地をＢに譲渡し、その後Ｃにも譲渡した。

1　Ｃが所有権移転登記を得ている場合、ＢはＣに対して、自分が所有権を有していることを対抗することができない。〔オリジナル〕	○
2　売主Ａと買主Ｂが不動産の売買契約をした。その後の登記申請手続は、買主Ｂだけで行うことが可能である。〔オリジナル〕	×

×肢のヒトコト解説

2　登記申請は、買主と売主の両方によって行います。

第6章　時効

時効と聞くと、例えば「もうあれは時効だろう」みたい
なことを想像するかもしれません。その時効というのは、
なくなる時効のことを指していることが多いと思います。
時効には「なくなる時効」と、「権利を取得する時効」
があります。
まずは取得する時効、取得時効というものからみてい
きます。

　甲が持っている土地を乙が買ったようです。乙は自分のものだと思って、住み
始めています。
　ただ実はこの甲乙間の売買契約は無効であったため、乙は所有権を持てません
でした。今、乙は所有権もないのに住んでいるという状態になっています。

　図の中に、不法占有という言葉があります。これは、権利もないのに占有して
いる、こんなイメージです。
　所有権を持っていれば不法占有とはなりません。また、地上権等を持っていれ
ば不法占有とはなりません。今回の乙は、所有権も地上権も何もない状態です。

　甲がこれに気付いた場合、打つ手があるのでしょうか。
　自分の土地に無関係者が勝手に住みついていたら…、「出て行け」と言います
よね。

法律は、この「出ていけ」というのを権利として認めています（物権的請求権といいます）。甲は乙に対し、物権的請求権を使えば追い出せるのです。

ただ、今回の甲は、この権利行使をしませんでした。

面倒だからとか、今は売る予定がないとかで権利行使をしなかったのです。

そのまま乙の占有が10年続きました。この場合、とんでもないことが起きます。

 覚えましょう

◆ 民法 162条〈取得時効〉◆

要件（一部）		効果
① 一定期間の占有を継続する ② 取得時効の援用	→	所有権を取得 （原始取得）

①　ある程度の期間、支配する必要があります（不動産であれば住むことが支配にあたります）。

②　取得時効の援用と書いてありますが、これは意思表示です。

時効になったから、所有権を取りますよ。

という一方的意思表示です。甲と合意をするのではありません。

その2つ（＋本当はもっと要件があります）をすることによって、乙は**所有権を取得できてしまいます**。これが、取得時効という制度です。

いろいろ補足をします。

まず、一定期間の占有と要件にありますが、その一定期間とはどれくらいかを確認しましょう。

時効期間
乙が占有開始時において、
①善意・無過失であれば10年
②それ以外は20年

　占有する期間には10年コースと20年コースがあります。 これは、占有している人が善意か悪意かで変わってきます。

　この善意とは、知らないことを意味し、具体的には、乙が自分は無権限だと知らないこと、裏を返せば、自分に所有権があると信じているという状態です。

　この状態で、なおかつ、落ち度がないと10年コースになります。

　逆にそれ以外だと20年必要です。

　それ以外とは、具体的にどのような状態を指すのでしょうか。

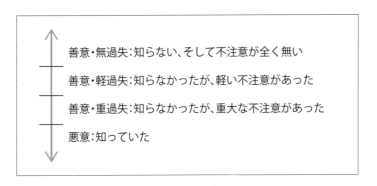

　10年コースとなるのは一番上の善意無過失、このパターンだけで、それ以外はすべて20年コースとなります。

　次の条文を、年数を意識して、読んでみてください。

162条（所有権の取得時効）
1　20年間、所有の意思をもって、平穏に、かつ、公然と他人の物を占有した者は、その所有権を取得する。
2　10年間、所有の意思をもって、平穏に、かつ、公然と他人の物を占有した者は、その占有の開始の時に、善意であり、かつ、過失がなかったときは、その所有権を取得する。

次は、取得時効の効果を説明します。

162条の要件をクリアすることによって、**所有権を原始取得**しますが、この原始取得とは何でしょうか。

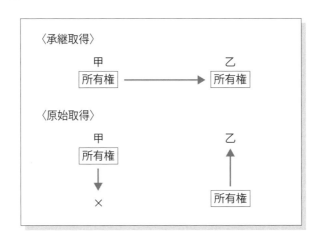

〈承継取得〉

甲　　　　　　　　乙
所有権 → 所有権

〈原始取得〉

甲　　　　　　　　乙
所有権

×　　　　　　所有権

　所有権の取得は大きく分けると、**承継取得**のパターンと**原始取得**のパターンの2つに分かれます。

　承継取得とは、**前の所有権を引き継ぐ、そのまま引き継ぐというイメージ**です。

　一方、原始取得とは、**前の人の所有権がなくなって、キレイな所有権をもらうというイメージ**です。

　どこに違いが出るかというと、**この所有権に抵当権が設定されている場合**です。

　例えば、承継取得の場合は、抵当権が付いているままの状態で、乙のところにやってきます。

　一方、原始取得の場合は、抵当権が付いていたとしても、抵当権ごと消えてキレイな所有権を取得します。

　所有権取得といったら、9割9分、承継取得です。

　原始取得になるケースは非常に稀で、その稀な一つが、今回の時効取得だと思ってください。

制度趣旨
① 永続した事実状態を尊重したい
② 権利の上に眠る者は保護しないぞ

制度趣旨と書いています。なんでこんなルールを作ったのかって話なのです。**民法の学習では、この制度趣旨を押さえることが重要になります。**

最後分からなくなったら、なぜそのルールを作ったのかを考える、これが民法の学習のコツだと思ってください。

では本題に戻りまして、時効というルールを作った理由を説明します。
2つあります。

①永続した事実状態を尊重したい

10年又は20年の間乙が住んでいたら、周りは所有者を乙だと思い、その土地を買いたい人は乙から買ってしまうでしょう。「周りの人は、所有者を乙だと思っている。だったら乙に所有権をあげようよ」という発想なのです。

②権利の上に眠る者は保護しない

所有権が取られて、甲はかわいそうじゃないのかというと、NOなのです。甲は乙を追い出そうと思えばできたのに、怠けてました。こういった怠け者を保護する必要はありません。

では、次にいつ所有権を取得するかを見ていきましょう。

144条（時効の効力）
　時効の効力は、その起算日にさかのぼる。

　起算日とは、10年ないし20年を数え始める日と思ってください。

　その**起算日は、占有開始の日**であり、ここは絶対です。そして、その日から、10年又は20年経つと、時効完成という状態になります。

　この時効完成とは、単に時が過ぎた、という意味です。所有権を取得するには、これにプラスして意思表示が必要です。

　そのため、**時効完成という言葉だけで、所有権を取得したと思わないでください**。時効完成というのは、あくまでも10年20年経ったことを指しているだけです。

　この時効完成という状態に、援用という意思表示をすると、所有権を取得しますが、所有権取得の時は、援用した時ではありません。

　住み始めた時から所有権を取得していたと考えます。**つまり、遡及効**です。

　では、なぜ遡及効にしたのでしょうか。

　遡及効にしないと、占有を開始した時点から10年20年経つまでは、不法占有のままです。その後に所有権を取って適法な占有となります。

　つまり10年20年の間は不法占有だったということは変わらないので、後に、不法行為による損害賠償請求を受ける羽目になります。

つまり、所有権は取得できたけど、「20年分の損害賠償をしろ」と言われかねません（目安でいうと、損害賠償金は賃料相当分×日数です。土地を借りた場合、賃料20年分でいくらになるか考えてみてください）。

所有権を取れても多額の損害賠償請求をくらってしまうことになります。

　これでは、意味がありません。

　そこで、遡及効で処理、つまり、**初めから所有者だったと扱うことにし、損害賠償請求を受けないようにしている**のです。

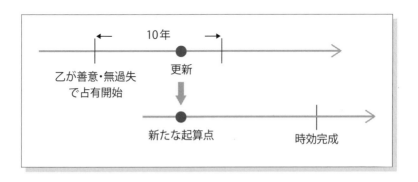

　住み始めて7年目、更新という事件が起きたとします。

　この更新とは、カウントをゼロにするリセットのことと思ってください。

　上の図では、7年カウントしているのがリセットされて、もう1回ゼロから数え直しになっています。

👆 **Point**

裁判上の請求

→　確定判決等によって権利が確定

→　時効の更新

　ここでいう請求とは、物権的請求権で請求する、つまり出ていけと請求することです。訴訟を使って出ていきなさいと訴えて勝つと、カウントがゼロになります。

ではなぜ、これでカウントがゼロになるのでしょう。

時効の存在理由「権利の上に眠る者は保護しない」、そこから理由を推察できませんか?

権利を使わないから、所有権を取られたのです。

では、ちゃんと訴えて勝ったのであればどうでしょう。これは眠っているどころか、権利行使をしています。そういった**権利行使をしたのであれば、時効カウントはゼロにして、権利を取られないようにする**のです。

では、もう1つの時効、放っておいたら、消えてしまうという時効に移ります。

166条(債権等の消滅時効)
　債権は、次に掲げる場合には、時効によって消滅する。
　(1号省略)
　②権利を行使することができる時から10年間行使しないとき。

```
           100万円の金銭債権
    A ─────────────────────→ B
```

AがBに対し100万円貸していました。弁済期を過ぎてもBが払わず、Aも面倒で「払え」という権利行使をしていませんでした。その後、10年放置した後に「払え」と請求してきました。

この場合、Bは時効で消すという技が使えます。

覚えましょう

◆ **166条(消滅時効)** ◆

要件の一部		効果
① Aが請求等をせずに、10年間経過 ② 消滅時効を援用	→	権利の消滅

要件を見てください。

今度の年数は10年で、10年経って援用する（消しますよという意思表示をする）と、権利が消えてくれます。

上の図の弁済期とは、支払いを約束した日と思ってください。例えば、「令和6年にお金を貸す、返すのは令和8年5月1日でいいよ」という場合、弁済期は令和8年5月1日となります。

この場合、時効のカウントは令和6年からではなく、令和8年5月1日から進行します。

Aが権利行使できるのに、権利行使しなかった、眠っていると言われるのはいつからでしょう。

弁済期が来るまでは権利行使はできませんので、そこまでは眠っているとは言えません。だから、今回の時効カウントは、令和8年5月1日の弁済期からとなるのです。

消滅時効にも、時効の更新制度があります。

例えば、今の債権で請求すること（かつ勝訴すること）、「100万円払えと訴えて、勝つこと」によって、時効は更新されます。

152条（承認による時効の更新）
　時効は、権利の承認があったときは、その時から新たにその進行を始める。

他にも、時効の更新には権利の承認というものがあります。

これは債務者Bの行動で、

B

借金あるのを認めます。

今は払えませんが、
借金あるのを認めます。

B

などと、**Bが債務を認める行為をすると時効カウントがゼロになる制度**です。

問題を解いて確認しよう

1	取得時効の時効期間は、いかなる場合でも20年である。〔オリジナル〕	×
2	一度時効の更新が生じると、その後時効が完成することはなくなる。〔オリジナル〕	×
3	時効期間が経過して、時効完成の状態になることによって、自動的に権利を取得したり、義務が消滅する。〔オリジナル〕	×

ヒトコト解説

1 善意無過失であれば、10年で時効完成します。

2 カウントがゼロになるだけで、その後は進行します。

3 時効の援用という意思表示が必要です。

~債務者がズルイときのとっておきの方法~

第7章 債権者代位

ここでは、誰が、誰の権利を使っているのかを意識するようにしてください。そして、この制度は相当イレギュラーなので、厳格な要件がかけられていることに注目してください。

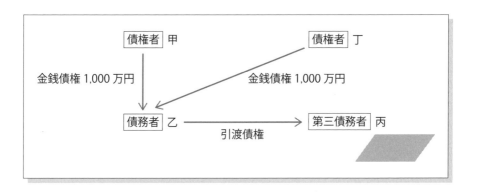

乙がいろんな人からお金を借りています。

そして、この乙は無資力という状態でした。無資力というのは、一銭もないということではなく、お金はあるけど借金が払えない状態、**全額払えない状態**をいいます。

ただこの乙、丙から土地を買っていて、引渡債権を持っています。しかし、この権利を使おうとしません。

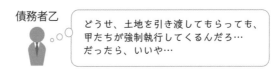

債務者乙 どうせ、土地を引き渡してもらっても、甲たちが強制執行してくるんだろ… だったら、いいや…

強制執行されるのが分かっているので、乙は権利行使をしないのです。

甲・丁には打つ手がないかというと、あります。

この場合、甲は、乙の地位を乗っ取って、代わりに引渡債権を使えるのです。

債権者代位という言葉があります。

これは、**債権者だったら、債務者に代わって権利行使できる**という意味です。

つまり、**甲や丁は乙の地位を乗っ取って、「丙さん、乙に土地を渡しなさい」と請求できる**のです。

ちなみに、請求した後はどうなるのかというと、「乙のところに土地が行く→強制執行を始める→お金になる→配当をもらう」、こうなるでしょう。

これが債権者代位権の典型例です。

 覚えましょう

債権者代位権行使のための要件（一部）
債務者乙の無資力
＝　乙の総財産をすべて強制競売にかけても、総債権者の債権を満足
　　させることができないこと

債権者代位というのはかなり無茶な制度です。乙の権利を行使できるのは、乙のはずなのに、**他人が勝手に権利行使するから**です。そのため、これはそう簡単に認めるべきではありません。

例えば上の状態で、乙が全く別個に3,000万円の土地を持っていたらどうでしょう。

それなら、この3,000万円に強制執行すれば、回収できますよね。つまり、**乙の引渡債権なんて使わずに何とかできる**のです。

債権者代位の要件の1つはここにあります。**権利行使しないと回収ができない、だから他人だけど代わりに権利行使をさせてくれというニュアンス**です。

これが**債務者無資力という要件**です。

1 AがBに対して、400万円の金銭債権を有する。一方BはCに対して 　×
200万円の金銭債権を有し、これとは別に1,000万円の不動産を有し
ている。この場合、AはBC債権に債権者代位権を行使することがで
きる（なお、Bには他に債権者がいないこととする）。〔オリジナル〕

ヒトコト解説

1 1,000万円の不動産に強制執行をすればいいので、BC債権を使う必要はあり
ません。

第8章 親族

民法には、取引のルールと家族のルールが載っています。
取引のルールが724条の2までで、家族のルールが725
条以降に載っています。
ここからは、家族のルールについて説明をしていきます。

まずは、家族の呼び方を覚えていきましょう。

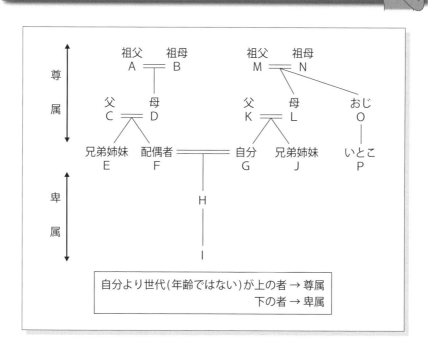

自分Gを見つけてください。自分Gから見ていろんな用語が出てきます。
尊属卑属という用語、これは端的にいえば、**世代が上か下かでの区別**です。
ABCDKLMNO、これは自分より世代が上なので、尊属と呼びます。
一方、HI、これは自分より世代が下なので、卑属と呼ばれます。
ちなみにEFJP、この辺りは世代が同じですが、呼び方がありません。

> 自分又は配偶者からみて、縦につながる関係　→　直系
> 自分又は配偶者と共通の祖先を有する関係　→　傍系

　直系というのは、縦に繋がる関係です。

　自分Gからみて、ＩＨＫＬＭＮ、この辺りは縦に繋がってきます。

　一方、傍系というのは、共通祖先を有する関係です。例えば、自分GとＪの間には、ＫＬという共通の祖先がいます。また自分Gと叔父のＯの間には、共通の祖先としてＭとＮがいます。

　ここまでの用語を組み合わせた呼び方があります。

　直系尊属　直系卑属　傍系尊属　傍系卑属という４つの呼び方です。

　例えば、直系尊属といった場合は、自分Gから見て、ＫＬＭＮ

　直系卑属といった場合は、自分Gからみて、ＨＩ

　次に傍系尊属といった場合は、自分Gから見て、Ｏとなります。

　この呼び方でよく出るのは、直系尊属と直系卑属ぐらいなので、この２つを強くイメージしておいてください。

725条（親族の範囲）
　次に掲げる者は、親族とする。
　① 六親等内の血族
　② 配偶者
　③ 三親等内の姻族

　親族の範囲は条文で決められています。この条文の１つ１つの用語を、これから説明します。

```
┌─ 自然血族
│
└─ 法定血族（養親子）
```

まずは、血族という用語です。

血族というのは文字通り、血が繋がっている関係を指します。

そしてその血が繋がっているのにも2つのパターン、**自然血族（生物学上血が繋がっている）**と**法定血族（養親子関係）**があります。

養子をとった場合は、生物学上は血が繋がっていませんが、法律上は血が繋がっていると考えます。

日本では、この血の繋がりが重要になってきます。

具体的には、相続の場面です（**配偶者以外は、血の繋がりがないと相続が受けられない**となっているのです）。

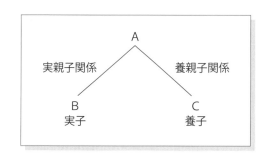

AがBを生んで、Cと養子縁組をしているという状態です。

Aから見てBは一親等の自然血族、Aから見てCは一親等の法定血族と呼んだりします。

親等という用語があります。これは、遠近を表す単位です（メートルとかセンチのような単位です）。親族間では親等という言葉を使います。

その親等はどうやって数えるかというと、簡単に言えば、棒線の数です。

気を付けるのは、BとCの関係です。BからAに行き、AからCに棒線が入っているため、**親等は2となります**。

次の条文で確認してください。

　ちなみにこのBとCは一般的に兄弟と呼びますよね。ただ法律上は、兄弟のことを、兄弟姉妹と呼びます。

　振り仮名を振っておいてください。「けいていしまい」です。

　Aから見てBのことを配偶者といいます。またBから見ても、Aを配偶者と呼びます。

　ちなみに、この**配偶者の間、親等はゼロ**となっています。

　つまり、**夫婦間は一心同体、距離がない**ということですね…。

 覚えましょう

姻族：自己の血族の配偶者、又は、自己の配偶者の血族

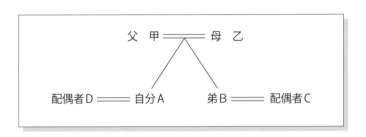

　姻族という用語です。これは、上記の定義を口ずさんで、覚えてください。

　自分Aから見たC、これが姻族に当たります。自分Aから見てCは、「自分の血族B」の「配偶者」になります。またCから見て自分Aは、「自分の配偶者」

Bの「血族」なので姻族です。

　ちなみにDから見てCは、自分の配偶者Aの血族の配偶者となるので、姻族には当たりません。

　そして、CとDは配偶者の関係ではない、血族の関係でもない、その結果、CとDは親族関係はないことになります。一般常識から言えばこのCDは身内になりますが、法律上では親族扱いをしないのです。

第9章 相続

ここでは、誰が相続人になるか、そして相続分がどのくらいになるかということを学びます。
そして、ここの制度趣旨も応用が利きますので意識して覚えましょう。

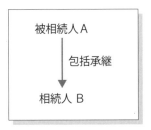

被相続人A

↓ 包括承継

相続人 B

Aが死んでBが相続しました。この場合、Aの権利義務が全部Bに降ります。
ただ、権利義務の中でも相続人に降りないものがあります。

896条（相続の一般的効力）
　相続人は、相続開始の時から、被相続人の財産に属した一切の権利義務を承継する。ただし、被相続人の一身に専属したものは、この限りでない。

「一身に専属したもの」、これを俗に一身専属権と呼びます。
その人だから得られた権利義務という意味です。
　例えば運転免許などが、これに当たります。**運転免許というのは、その人に能力があるから認められた権利**のため、その人が死んでも運転免許が相続人に降りることはありません。

　では次に、誰が相続人になれるかといったことを説明しましょう。

覚えましょう

配偶者あり　→　その配偶者は必ず相続人

　まず、被相続人に「配偶者」（夫又は妻）がいる場合、その配偶者は常に相続人となります。

　次に、「配偶者」と一緒に相続人となる者として、次の方々がいます。

覚えましょう

相続人となる者
① 「子」
② 「直系尊属（親など）」
③ 「兄弟姉妹」

①～③には優先順位があって、

①が存在する場合には、②と③は相続人となることができず、

②が存在する場合には、③は相続人となることができません。

次に、相続分がどれだけもらえるかという話にいきます。

覚えましょう

◆ 法定相続分 ◆

	血族相続人	配偶者相続人
第1順位	子 1／2	配偶者 1／2
第2順位	直系尊属 1／3	配偶者 2／3
第3順位	兄弟姉妹 1／4	配偶者 3／4

　これは3つのパターンに分かれます（図は横に見てください）。

　子供と配偶者がもらう場合は、子供全員で半分、配偶者は1人で半分もらえます。

第2編　民法の基礎知識　◆　第9章　相続

直系尊属と配偶者がもらう場合は、直系尊属全員で3分の1、配偶者が1人で3分の2。

　最後、兄弟姉妹と配偶者がもらう場合は、兄弟姉妹全員で4分の1、配偶者が1人で4分の3となっています。

　子供が複数いる場合、直系尊属が複数いる場合、兄弟姉妹が複数いる場合は、基本的には**人数で割ってください。**

　例えば、夫A、妻B、子CDの場合に、Aが死亡した場合の相続分は
　B2分の1、C4分の1、D4分の1となります。

相続制度の趣旨
① 相続人が生活できるようにしたい
② 夫婦の共有財産状態を解消したい

　では、なぜ相続という制度があるのか、なぜ死んだ人の財産が子や配偶者に降りるのかを説明しましょう。

　理由が2つほどあります。

　1つ目は、**生活保障**という趣旨です。

　親1人子1人で親が死んだ場合に、親の財産が降りてこないと、子供は生きていけません。子供の生活を保障したいから、子供には財産を降ろすことにしました。

　配偶者の生活を保障したいから、配偶者に財産をあげることにしています。

　直系尊属、年老いた父母の生活を保障したいから、直系尊属に財産を降ろしました。

　兄弟姉妹、ご兄弟の生活を保障したいから、自分の兄弟に財産を降ろす…？？

なんで兄弟の生活まで面倒見なきゃいけないんですかね。

　兄弟姉妹には、生活保障の趣旨は当てはまりません。だから兄弟姉妹は、一番相続分が少ないのです。

2つ目は、**潜在的共有関係の清算**、これは配偶者の相続分の趣旨になります。

```
┌─────────────────────────────────────────────┐
│   ┌──────────────────┐   所有者　夫          │
│   │  婚姻中に築いた    │   （潜在的な夫婦の共有財産）│
│   │    財産          │                        │
│   └──────────────────┘                        │
└─────────────────────────────────────────────┘
```

　例えば、妻が専業主婦で夫だけ働いていたため、夫が預金を持ち、不動産を取得していたとします。

　確かに表面上は夫のものです。

　ただ**この財産は、夫婦2人で作り上げた**財産とも言えるので、死んだ時点で、分配することにしたのです。

　離婚すれば、財産分与という形で財産を分配し、

　死んだ時は、相続というものを使って財産を分配することにしました。

　こういった趣旨があるから、配偶者は必ず相続人になるのです。

　では、少し変わった相続による承継をみましょう。

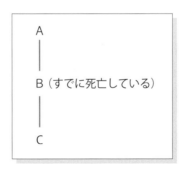

　A（爺）・B（パパ）・C（孫）というイメージで考えてください。

　パパが先に死んでいます。爺が孫を養っているような状態で、爺が死にました。この場合、爺の財産を孫は貰えるかという問題を考えましょう。

一見、Cは第1順位の相続人と思ったかもしれません。ただ、第1順位の相続人は子供です。**Aの子はBであり、Cは孫**です。

だから形式上は、CはAの相続人ではありません。

ただ、**相続の趣旨、生活保障すべき関係に当たります。**

そこで、**Cが相続を受けられるテクニック**を作りました。それが代襲相続というものです。

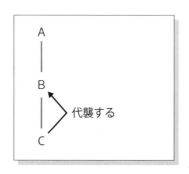

代襲というのは、乗っ取るというイメージです。今回の例で言うと、CがBの地位を乗っ取って、Bが受けるべき相続を受けることになります。

代襲相続
相続人となるべきものが先に死んでいる
→　下の者が上の立場を乗っ取って相続を受ける

まずは、このように処理するようにしましょう。

1 以下の事実関係の場合、Aの相続人はCDGであり、相続分はDが2
　分の1、Cは4分の1、Gは4分の1である。〔オリジナル〕　　　　　　　〇
　　事実関係①
　　　Aには前妻Bとの間にCという子がいる。
　　事実関係②
　　　AはDと再婚した。Dは前夫Eとの間にFという子がいる。
　　　現在FはAと同居している。
　　事実関係③
　　　AとDの間に子Gが生まれている。

第10章 遺産分割・相続放棄

> 現実の相続では、法定相続人・法定相続分で処理される
> ことが少なく、何らかの修正がされて処理されます。
> ここでは、相続を修正する事由の代表例である遺産分割
> と相続放棄を紹介します。

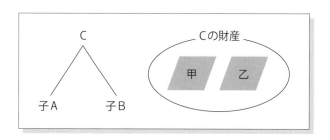

　上の状態で、Cが死にました。

　財産が降りてきますが、子供が2人いるので、相続分は2分の1ずつです。この相続分2分の1という意味はなんでしょう。

　相続分2分の1とは、**相続財産のすべてを2分の1で、共同所有する**ということ指します。

　ただ、**共有って面倒**なんです。財産を1人で持っていればいいのですが、2人で持っていると、売る時どうする、貸す時どうする、と揉め事になりやすいのです。

　そこで、この共有している財産を一人ひとりのものにするという手続を、法が

認めています。

　これが遺産分割です。基本は話し合いで、「甲土地はＡがもらい、乙土地はＢがもらおう」なんてことを相続人全員の合意で決めます（全員一致が要件です）。

甲
A単独所有

乙
B単独所有

　この話し合いによって、一人ひとりがどの財産をもらうのかを決めます。
　その場合、いつから所有権を取得するのでしょう。

909条（遺産分割の効力）
　遺産の分割は、相続開始の時にさかのぼってその効力を生ずる。ただし、第三者の権利を害することはできない。

C 死亡　　　　　　　　　　遺産分割成立

遡及する

　相続人たちで遺産分割がまとまった場合、その時から所有していたのではなく、**相続時から単独所有していた（共同所有してなかったという処理）**、つまり、遡及効で処理しています。

939条（相続の放棄の効力）
　相続の放棄をした者は、その相続に関しては、初めから相続人とならなかったものとみなす。

　相続によって、相続人は亡くなった人の権利も義務もすべて、相続分に従って引き継ぐことになります。

仮に、亡くなった人が莫大な借金を抱えていたとしたら、皆さんならどう思いますか？

「相続したくない！」と思う人もいるでしょう。

この「相続したくない！」ということを意思表示で表すことができます。それが「相続放棄」です。

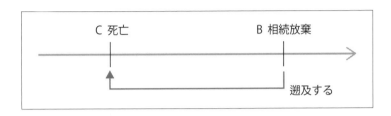

相続放棄をすると、**被相続人が亡くなった時点から、そもそも相続人ではなかった**と取り扱われます。

遺産分割と同じく遡及効で処理することになるので、一度も債権・債務をもらったことがないことになります。

第11章 遺贈

> 遺言は本試験で出題が非常に多いところです。
> 遺贈の趣旨をしっかり押さえたうえで、遺贈の種類と効力発生日を宣言できるようにしましょう。

遺言書

私は次のとおり遺言する。
一、私所有の土地建物は私の長男
　　山田一郎に遺贈する。
　　　　令和5年8月20日
　　　　遺言者 山田 太郎

遺贈という言葉を見てください。「遺言書に基づいて贈与する」という字を圧縮しているのです。

上記の遺言書に基づいて所有権を取得するのは、遺言書を書いた時ではなく、**遺言書を書いた人（遺言者）が死亡した時**です。

遺贈の趣旨
死んだ人間の最後の望みを叶えてあげたい

死者の最終意思の尊重、最後の望みぐらいは叶えてあげましょうというニュアンスです。これは、かなり応用のきく趣旨です。

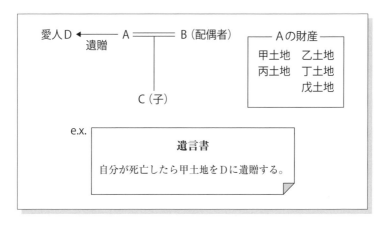

遺贈にもいろんなパターンがあります。

「甲土地をあげます」と書いた場合、これは特定遺贈と扱われます。

この場合、Aが死んだら財産は誰のものになるかというと、

甲土地についてはDがもらい、残りがBCに相続で降りることになります。

細かく分析すると、Aの死亡によって、遺贈という法律行為と相続という法律行為が発動します。

ただ、**遺贈と相続では、遺贈が優先**します。

死んだ人間の最後の望みを叶えたいという遺贈の趣旨から、遺贈が優先して処理され、残ったものが包括承継されるのです。

> **遺言書**
>
> 自分が死亡したら財産の全部をDに遺贈する。

財産を全部あげるという内容になっていて、こういう遺贈を包括遺贈といいます。

ここで遺言者が死亡した場合は、全財産がDにいき、相続人たちには全く残らないことになります。

問題を解いて確認しよう

| 1 | 遺言書に「遺贈する」と記載しているが、遺言者は未だ死亡していない。この場合、遺贈による所有権移転は生じない。〔オリジナル〕 | ○ |

第12章 遺留分

相続より遺贈が優先しますが、相続人から対抗する手段があります。それがこれから説明する遺留分侵害額請求です。
制度趣旨を押さえたうえで、相続人のうち兄弟姉妹には遺留分がないことまで理解するようにしましょう。

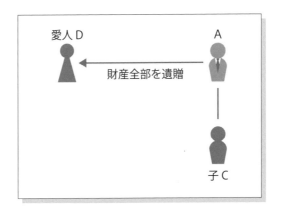

　AはCから虐げられている（もしくはDが大好き）、そんな理由で、財産全部を遺贈したようです。ここで、Aが死んだら、財産は全部Dにいきますよね。

　ただ、これで終わりにしちゃうとCが生活できなくなります。

　相続を作った理由である、**相続人の生活保障をしたい、この趣旨が実現できません。**

　そう考えると、今回の遺贈は無効だと思いたくなります。

　でもこれで無効にしてしまうと、今度は**Aの最終意思が尊重できなくなります。**

　生活保障は図りたい、最終意思は尊重したい、というところから作った理論が遺留分というものです。

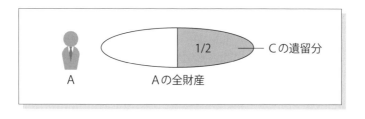

「Aさん、あなたの財産は確かにあなたが自由にしていいはずだけど、**子供に半分は残しなさい**」としているのです。

この2分の1を遺留分と呼びます。

ただ、今回の事例、残すべきものを残していません。

ただ、**残すべきものを残していないこの遺贈は、有効**です。

死者の最終意思の尊重があるので、とりあえず望みを叶える必要があるからです。

ただこれで終わりにすると、子供たちが生活できなくなります。

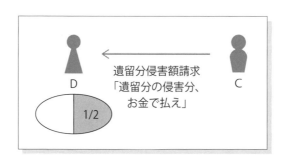

先ほどの遺贈の結果、全財産はDのところにいってしまいます。

ただ、上の図のように、「侵害されている分、お金で払え」と請求できます（**遺贈は有効なままで、侵害されている分をお金で返せという請求権**です）。

このようにして、死者の最終意思の尊重は保ちながらも、相続人の生活保障を図るようにしています。これが遺留分という制度です。

今、取り返せる分量が半分と言いました。条文を掲載したので、確認してください。

　細かい話は後に説明しますが、今意識して欲しいのは、冒頭の「兄弟姉妹以外の相続人」というところです。

　相続人であれば、みんながみんな遺留分を持っていて、金銭の請求ができる、というわけではないのです。

　兄弟姉妹には、この権利がありません。

　遺留分は、死者の最終意思の尊重は保ちながらも、相続人の生活保障を図った制度です。

　兄弟姉妹には、生活保障の趣旨はないため、兄弟姉妹は遺留分侵害額請求権を行使することができないのです。

問題を解いて確認しよう

1	遺留分を侵害する遺贈は無効である。〔オリジナル〕	×
2	兄弟姉妹には遺留分がない。〔オリジナル〕	○

×肢のヒトコト解説

1　死者の最終意思を尊重するために有効とし、遺留分侵害額請求という金銭請求をできるようにしています。

第13章 物権と債権　その②

> 民法の学習に入る前の最後の基礎概念の紹介です。
> 物権と債権では「支配性」があるないという重大な違い
> があり、これはいろいろなところに影響を与えます。
> 「支配性の意味」をしっかりと押さえたうえで、その影
> 響の違いを1つ1つ押さえましょう。

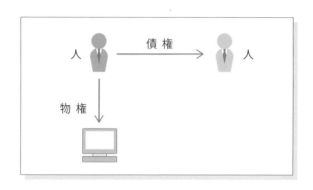

　民法の権利は大きく分けて2つあります。人に向かう権利（債権）と物に向か
う権利（物権）です。

▶ Point

　物権：　物に対する 支配権
　　　　→　排他性

物権の最大の特徴は、支配権という点にあります。

　例えばこの物権が所有権だとします。所有権であれば、物の使用・収益・処分
ができます。

　使う、貸す、売る、そして担保に出すことも全部できます。

　つまり、**物を意のままに使える**のです。そこから物権は支配権と呼ばれるよう
になりました。

そして、**支配しているところから、「邪魔する権利は追い出す」排他性という性質が生まれました。**

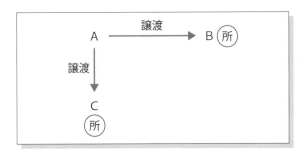

Aが所有者でBとCに売りました。BとCがそれぞれ所有権を持っています。ただ、BもCも所有権を持つという状態は、一物一権主義から許されません。ここで、Bが登記すると、次のようになります。

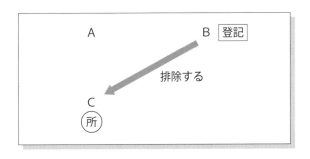

Bが登記をすることによって、Bの支配が確立します。

それにより、邪魔をするCの所有権を排除します。

これが排他性です。**「支配している→邪魔する権利は追い出す」という性質**のことをいいます。

👆 **Point**

債権：人に対する 請求権

× 支配性（排他性）

債権は、人に対する請求権、「○○しろ」と請求する権利です。

あくまでも請求までしかできず、**支配はしていません**（人が人を支配するなんて、近代国家で許されるわけがありません）。

支配性がないので、排他性（邪魔するものを追い出す）もありません。

具体的には次の図を見てください。

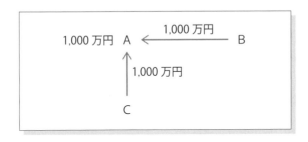

　Aの全財産は1,000万円だとします。このAに対し、BとCが1,000万円ずつ債権を持っています。

　この2人の権利は両立できません。Aの全財産は1,000万円なので、2人に1,000万円ずつ払うなんてできません。

　Bにとってみれば、Cの権利は邪魔する権利ですが、Bの権利が債権なので、追い出すことができません。

　その結果この2人は、債権者平等原則に従って、平等に配当を受けることになります。

　このように、排他性があるかないかという点が債権と物権の大きな違いです。

　また、他にも違いがあります。

　例えば、**人に向かっているか、物に向かっているかという点**です。

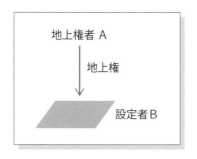

　Bが土地を余らせていて、この土地をAが使いたいようです。そこで、AとBで、地上権設定契約をして、Aが地上権という権利を持っています。

　地上権は物権、**物に対する権利**です。そのため、契約をすれば、物に対して使用する権利を持っていますので、Aはすぐに使えるようになります。
　「契約する→物への権利を持つ→すぐ使える」ということです。

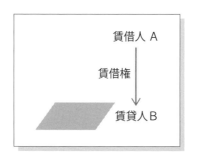

　同じ他人に使わせるのでも、賃貸借契約を使うと、プロセスが変わります。
　AとBで賃貸借契約をすると、Aは賃借権を持ちますが、この賃借権は債権です。**Bに対して使用収益させろという権利を持つに過ぎません。**
　そのため、「**契約をする→請求する権利を持つ→請求する→やっと使える**」、このようになります。

　最終的に使えるという点は同じですが、すぐに使えるのか、請求して使えるようになるのか、というのが大きな違いです。

物権相互の優劣関係（物権vs物権）
公示の前後にて決する → 取引する人は、登記簿で調査をする

物権同士がぶつかった場合、邪魔する権利を追い出すと言いましたが、
どっちが追い出すのか、どうやって優劣を決めるのでしょうか。
　これは、**どちらが先に公示をしたかで決めます**（不動産であれば、登記の先後
で決めます）。

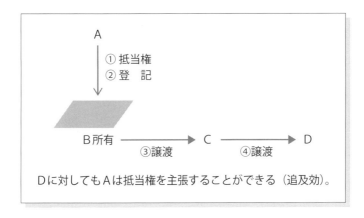

Dに対してもAは抵当権を主張することができる（追及効）。

　Bの不動産にAが抵当権を付け、片や、BはCに売っています。
　AとCは矛盾し合っています。Aは抵当権を持ちたい、Cは抵当権なしの所有
権を持ちたいという状態だからです。
　ここで、Aが先に登記をすることによって、AはCに対抗できる状態になり、
権利関係は、「Aが抵当権を持ち、Cは抵当権付所有権を持つ」で決まりになり
ます。
　物権同士がぶつかった場合は、先に登記した方で勝負が決まるということです。

　ちなみに、ここでCがDに売ったらどうなるのでしょう。
　Aの抵当権は、そこにも追いかけます（以前やった第三取得者です）。
　物権は、所有者が変わっても追いかける性質があります（こういう性質を追及
効といいます）。

抵当権がくっついてくるとなると、Dがかわいそうに見えます。

もし、Dが「そんな抵当権があるなんて知らなかった。抵当権付だと知らずに買ってしまった」という状態だったら、相当な悲劇です。

ただ、実はそういう状態ではありません。

このDは、買う前には、必ず登記簿を見て、調査をしているのです。**登記簿を見て、Aの存在に気づいて、Aの抵当権が付いていることを分かって買っている**のです。

このように、物権の優劣は登記の前後で決まります。そして、**物件を買おうとする人は必ず登記簿等を調査します**（不動産を買う人は登記簿だけじゃなくて普通、現地を見に行ったりもします）。

他にも、物権の優劣は登記で決まる、という事例を紹介します。

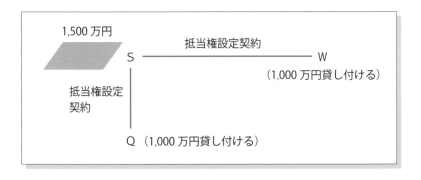

抵当権を2個付けることができます。

WとQが貸した金額の合計が2,000万円、土地の値段が1,500万円、つまり、土地を売っても、全員満足できません。

この場合、どのように配当するのでしょうか。

配当の基本は債権者平等、抵当権を持っている人がいたら、先にその人がもらうといいました。では、抵当権を持っている人が2人以上いたらどうなるのでしょう。

この場合、登記した順番で優劣が決まります。

順位番号	登記の目的	受付年月日	権利者その他の事項
1	抵当権設定	令和5年10月1日 受付第5000号	(登記事項一部省略) 債権額　金1,000万円 抵当権者　W
2	抵当権設定	令和5年10月1日 受付第5001号	(登記事項一部省略) 債権額　金1,000万円 抵当権者　Q

この事例では、Wの方が先に登記をしています。

そのため、**Wが先に配当をもらい、Wが全部回収して余りがあった場合、Qに配当されます。**

本事例ではWが1,000万円、Qが500万円もらうことになります。

ちなみに、**2番のQは、貸し付ける前に登記簿をとって1番の存在を知ります。**そのため、実際には1,000万円も貸さないでしょう（貸してもせいぜい、500万円ぐらいでしょう）。

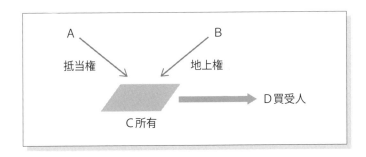

上のような権利関係の状態で、抵当権者AがC所有の不動産を競売にかけ、Dが買い受けました。

この場合、Dは、地上権付きの物件を買うことになるのか、それとも地上権なしの物件を買うことになるのでしょうか（抵当権は、競売することにより必ずなくなります。残った地上権はどうなるのでしょうか）。

ここも登記で決まります。

権利部（乙区）			
順位番号	登記の目的	受付年月日	権利者その他の事項
1	抵当権設定	（略）	（登記事項一部省略） 抵当権者　A
2	地上権設定	（略）	（登記事項一部省略） 地上権者　B

Aが先に登記しています。

ここで、**抵当権を使った場合、下にある地上権は全部消されます。**

そのため、買受人Dはすべて消された状態で買うことができます。

権利部（乙区）			
順位番号	登記の目的	受付年月日	権利者その他の事項
1	地上権設定	（略）	（登記事項一部省略） 地上権者　B
2	抵当権設定	（略）	（登記事項一部省略） 抵当権者　A

地上権者Bが先に登記しています。この場合、**抵当権を使っても、一番の地上権は消せません。**つまり、**地上権付きで競売にかける**わけです。

売る時は、「地上権の矢印が刺さったものを売りますよ。使用収益できませんが誰か買いませんか」こんな感じで競売にかけます。

もちろん売り値は落ちます。

2番の抵当権をこれから付けようと思っている人は、どのように行動するでしょうか。

登記簿をとったら、1番地上権設定が入っている。

＝競売にかけても、地上権付きで、競売にかけることになる。

＝競売にかけてもあんまり高値じゃ売れない。

そのため貸し付ける金額は、少額になりますよね。

このように**不動産の取引をする時は、まずは、登記簿を調査して、どういった権利があるのかを確認してから**行います。

> 👆**Point**
>
> **物権と債権の優劣関係**（物権vs債権）
>
> 原則 売買は賃貸借を破る
>
> 例外 売買が不動産賃貸借を破らないケース（605）

今度は物権と債権の優劣関係です。

物権と債権がぶつかった場合、**基本は物権が勝ち**ます。

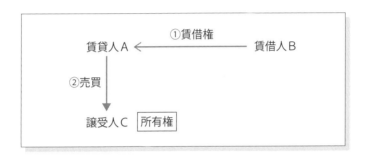

Aが何か動産を持っていて、それをBに貸しています。一方、この動産をAはCに売り、Cが所有権を持っています。

所有権は使用・収益・処分ができる権利です。一方、Bは賃借権を持っています。賃借権は使用収益、これを請求する権利です。

ではこの動産は、どっちが使うのでしょう。

結論はCです。というのは、**債権と物権がぶつかった場合、物権の勝ちになります。**

債権には排他性がなく、物権には排他性がある、追い出せる権利があるからなのです。

ちなみに、今のケースが地上権だとどうなるか、それが次の図です。

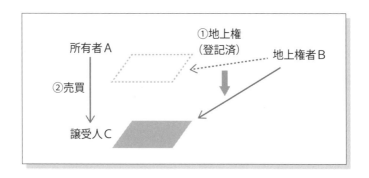

地上権を設定し、登記を入れている状態でAがCに土地を売りました。

物権には追及効があるので、Cの土地に対しても地上権が追いかけます。

するとBが賃借権を設定した場合は、所有者が変わると負けるのに、Bが地上権を設定した場合は、所有者が変わっても使えるという差が生じます。

人の物を使う点は同じなのに、ここまで差をつけるのはおかしいでしょう。

そこで、不動産の賃貸借については特例を作りました。それが次の条文です。

605条（不動産賃貸借の対抗力）
　不動産の賃貸借は、これを登記したときは、その不動産について物権を取得した者その他の第三者に対抗することができる。

Bが不動産を借りていた場合は、不動産登記簿に賃借権の登記ができます。

賃借権の登記をしていれば、もう地上権と同じ扱いを受け、不動産が売られたとしても、その賃借権は追いかけることができるのです。

175条（物権の創設）
　物権は、この法律その他の法律に定めるもののほか、創設することができない。

物権は、条文に載っているもの以外は作ってはいけない、と言っているのです。

物権というのは、矛盾する権利を追い出せるという危険な権利です。そこで、こんな**危険な権利は、条文で認めたもの以外はだめ**だとしたのです。

では、債権の結論は分かりませんか？

債権には排他性がないので、無数にあっても危険性が少ないですね。

> **Point**
>
> **「債権法定主義」というものはない**
>
> →　契約自由の原則
>
> ①誰と②いかなる内容の債権をつくることも自由である
>
> （契約をすること）

契約自由の原則というものがあります。

いかなる債権を作ることも自由　＝　いかなる契約をしても構わないよ、と繋がります（ここは飲み込んでください）。

民法にもいろんな契約類型が載っています。

ただ、あくまでもこれは一例で、民法に載っている以外の契約を結んでも、特に問題ないということです。

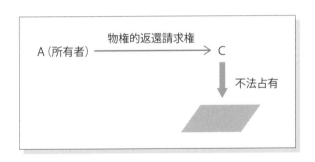

例えば、CがAの土地を不法占拠していた場合、所有者のAは追い出せるという話をしたと思います（追い出さなければ、Cによって時効取得されてしまうという事例のときに説明しています）。

追い出せる権利を物権的請求権というのですが、これには3タイプあります。

その1つ目が、この図に載っている物権的返還請求権というものです。簡単に言えば、「返しなさい」と言う権利のことです。他にもいろんなタイプがあります。

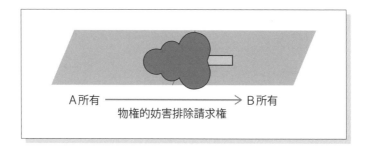

A所有 ————————→ B所有
物権的妨害排除請求権

　Aの土地にBの木が倒れこんでいる場合、**AはBに対して「どかしなさい」と言えます**。これを、物権的妨害排除請求権といいます。

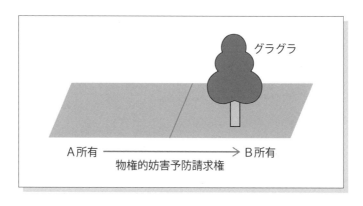

グラグラ

A所有 ————————→ B所有
物権的妨害予防請求権

　Bの土地に木が立っていて、これがぐらついている状態、いつ倒れてもおかしくないという状態だったら、**AはBに対して「何とかしろ、危ないじゃないか」と言えます**。これが、物権的妨害予防請求権です。

　以上が物権的請求権と呼ばれるものです。

　考え方としては
　「物権を持っていれば支配をしている
　→支配をしているんだから邪魔するものは物理的にも追い出す」
という感じです。

　だったら債権にこの権利があるかと考えれば、**債権には排他性がないので、こ**

の権利は認められないとなりそうですが、どうでしょう。

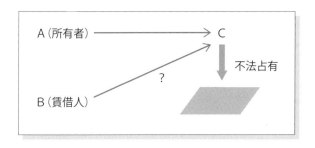

　例えば、甲土地をCが不法占拠していたら、所有者のAは、Cを追い出す物権的請求権を持っています。この物権的請求権、Bにもあるのでしょうか。

　ちなみにこのBの権利が地上権であれば、地上権は物権だから文句なく認められます。

　地上権の場合はあるけど、賃借権の場合はないというのは変ですね。

対抗要件（605）を具備した不動産賃借権については物権的請求権が認められている

　例えば、Bが605条の登記をしている状態であれば、賃借権者であってもBにはCを追い出す物権的請求権が認められます。

　もしBが登記をしていなかったらBには何か打つ手はあるでしょうか。

　あります。

　この上のイラストのところに、BからAに賃借権の矢印を入れてください。

　すると、BはAの債権者です。**債権者であれば、債務者の権利が使えます（債権者代位権というもの**です）。

　Aは、物権的請求権を持っていますよね。そしてBから見れば、Aは賃借権の債務者です。

　この場合、**BはAの地位を乗っ取って、Aに代わって物権的請求権を使うことができます。**

第14章 民法の基礎知識（まとめ）

民法の学習ポイント
① 何が起きたら（要件）
② 何が起きる（効果）
この2つを考えていくのが民法である。

　民法で学習することは、何があったら何が起きる、これを考えることにつきます。

　今自分が勉強しようとしているのは、
「何が起きる」の部分なのか、それとも「何があったら起きる」の話なのか、**どっちの学習をしているかを、常に意識してください。**

 覚えましょう

私的自治の原則
何人も自分の自由な意思がなければ、権利を得、義務を負わされることはない

　これは、民法の大部分を支配する原理です。
　意思がなければ、権利はないし義務もないという原理です。

　例えば義務だけに絞ると、「**自分の意思がなければ義務は負わないよ**」ということです。
　売買契約をすると代金債務を負ったり、引渡債務を負ったりします。
　これは、私的自治の観点からいうと問題はありません。
　自分で申込みの意思表示ないし承諾の意思表示って形で、意思を出している以上、義務を負っても問題ありません。

次に、代理の法律関係を思い出してください。本人は申込みの意思表示なんかしませんよね。

ですが、本人に効果帰属します。

意思を出していないのに、いいのでしょうか。

構いません。**代理権授与という形で、意思を出している**からです。

（だったら、**無権代理の時に債務を負うのはおかしい**ですね。）

このようにして私的自治というのは、民法の大部分を占める原理になっているのです。ただ、**全部を支配する原理ではない**のです。

例えば、相続を考えてください。自分の意思はないのに、父から債務が降りてきます。

また、不法行為を考えてください。何か意思を出して、損害賠償債務を負ったわけではないですね。交通事故を起こした結果、損害賠償債務を負っています。

私的自治の原則は、民法の大部分を占める原理ではありますが、全部ではないということ、その点には注意してください。

第3編 民法　総則

　ここから、本格的な民法の学習になります。まずは、民法の重要性を説明したあと民法全体の作り、民法総則の作りを説明します。

　「今自分が、どの分野のどの論点を学習しているか」という自分の位置づけを把握することは、重要です。

　まずは、民法の全体マップを頭に入れましょう。

～さあ本格的に民法をやっていきましょう～

第0章　民法の学習開始にあたって

```
司法書士試験における民法
→　司法書士試験の最重要科目である。
①　配点　午前科目　20問
②　他の科目との関連が強い
```

　民法は、**この試験において一番の重要科目**です。

　民法は午前科目35問中から20問も出題されます。すべての択一科目の中で一番配点が多い科目なのです。

　もう1つの理由が、他の科目との関連性です。この民法が分からないと、次の不動産登記法、民事訴訟法、民事執行法、この辺りの理解がきつくなってきます。

　この科目は時間をいくらかけてもいいぐらいです。一番重要な科目を勉強するんだと思って、学習に取り組んでください。

[民法の体系]：パンデクテン方式
一般的・抽象的規定を、個別的規定に先立ち「総則」としてまとめることにより、法典を体系的に編纂することに主眼をおいた著述形式
第1編　総則（1条〜174条）
第2編　物権（175条〜398条の22）
第3編　債権（399条〜724条の2）
第4編　親族（725条〜881条）
第5編　相続（882条〜1050条）

民法の条文がどういう順番に作られているのかを説明します。

　第2編から第5編、これがメインです。ただその4つに共通する事項があるので、それを先に記載することにしました。

　それが、総則という部分です。

　総則というのは、共通項と思ってください。「民法で出てくる話のすべての共通項を先に書きますよ、その後1個1個書きますよ」、そういう編集のスタイルになっています。

では、その総則にはどんなことが載っているのでしょうか。

〔本書における総則の目次〕
第1章　私権の主体
第2章　私権の客体（物）
第3章　法律行為総説
第4章　法律行為の客観的有効要件
第5章　意思表示
第6章　無効と取消し
第7章　代理
第8章　条件・期限
第9章　時効

第1章では権利や義務の主体、**人の話**が出てきます。

次に第2章では、物権の対象である**物**、その物の種類と特殊な話が出てきます。

第3章〜第5章はほぼ同じで、**意思表示関係**と思ってください。

第6章は意思表示のトラブルの処理方法として、**無効と取消し**があります。そ

の2つの違いを学びます。

　第7章～第9章の代理、条件・期限、時効は、民法全般で共通するので先に記載しています。

第1章　私権の主体

多くの出題は、行為能力と失踪宣告の2つです。 行為能力は比較する意識で学習し、失踪宣告は宣告と取消しの効果の部分に力を入れて学習しましょう。

第1節　自然人　令和7年本試験はここが狙われる！

　人には、自然人と法人があります。まずは自然人の能力から学んでいきましょう。

覚えましょう

◆ 自然人に要求される能力 ◆

権利能力	私法上の権利・義務の帰属主体となる地位・資格
意思能力	自己の行為の結果を弁識するに足るだけの精神能力
行為能力	自らの行為により法律行為の効果を確定的に自己に帰属させる能力

　年齢を重ねると、上から順々に能力を取得していくという感覚です。生まれたら権利能力、7歳8歳ぐらいで意思能力、そして18歳になると行為能力を取得していきます。

　まずは権利能力からやっていきましょう。

（1）権利能力

　権利を持てる能力、義務を負える能力、これが権利能力というものでした。

　では、この能力はいつ取得して、いつ失うのでしょうか。

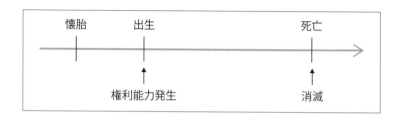

懐胎という字がありますが、これは妊娠という意味です。**権利能力を取得するのは、懐胎した時ではなく、生まれた時点**です。生まれた時点で、権利を持ったり、義務を負ったりすることができるようになります。

そして、**死ぬことによって、権利能力を失います**。もう権利を持ったり義務を負えなくなります。だからこそ、その権利や義務は相続で降りていくわけです。

このように、出生で発生し、死亡で失うというのが権利能力です。

ここで**議論になるのは、懐胎してから出生までの間**です（法律の世界では胎児と言われる状態です）。その状態の間、権利能力はあるのでしょうか。

覚えましょう

◆ 胎児に権利能力が認められるか ◆

原則	胎児には権利能力は認められない。
例外	以下の３つに関しては、胎児は既に生まれたものとみなされる。 ① 不法行為に基づく損害賠償請求権（721） ② 相続（886Ⅰ） ③ 遺贈（965）

原則的には胎児に権利能力はありません。**生まれてない以上、まだ能力を認められません。**

ただ、例外的に３つの場面だけは能力を認めています。

それがどんな場面かを１つずつ見ていきましょう。

LEC 司法書士

公式 **X**

&

YouTube チャンネル

LEC司法書士公式アカウントでは、
最新の司法書士試験情報やお知らせ、イベント情報など、
司法書士試験に関する様々なお役立ちコンテンツを発信していきます。
ぜひチャンネル登録＆フォローをよろしくお願いします。

公式 **X**（旧Twitter）
https://twitter.com/LECshihoushoshi

公式 **YouTube**チャンネル
https://www.youtube.com/@LEC-shoshi

ＣとＤが結婚していて、Ｄのお腹には胎児がいる状態です。胎児は生まれそうですが、父親であるＣが死にそうなんです。

残念ながら、胎児が出生する前に父Ｃが死亡しました。

Ｃが死亡すれば相続が開始します。Ｃの財産は、Ｄと胎児に降ろしていいでしょうか。

胎児はこの時点で権利能力がありません。そのため、胎児は相続財産を受け取れないはずです。

ただ、これで受け取れないとなると、

相続の趣旨である「相続財産を与えて相続人の生活を保障したい」ということが実現できません。

そこで条文を作ったのです。

886条（相続に関する胎児の権利能力）
　胎児は、相続については、既に生まれたものとみなす。

この条文があるので、**相続については胎児に権利能力が認められます**。結果、Ｃが死んだら、Ｃの相続財産を胎児が受け取れることになります。

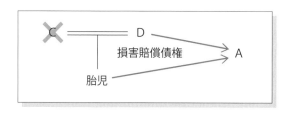

ＣＤ夫妻に胎児がいました。この夫Ｃを、他人Ａが殺してしまいました。この場合、家族は独自の損害賠償請求権を持ちます。

711条（近親者に対する損害の賠償）
　他人の生命を侵害した者は、被害者の父母、配偶者及び子に対しては、その財産権が侵害されなかった場合においても、損害の賠償をしなければならない。

家族固有の慰謝料請求権と呼ばれるものです。夫が殺されれば、家族は大きなショックを受けます。このショックを受けるというところに注目して、遺族にも慰謝料請求権を認めるようにしたのです。

では、この慰謝料請求権は、誰が持つのでしょう。

妻Dが持つのは間違いありません。

そして胎児には権利能力がないので、慰謝料請求権という権利は持てるはずがないのですが、条文を作って認めました。

721条（損害賠償請求権に関する胎児の権利能力）
　胎児は、損害賠償の請求権については、既に生まれたものとみなす。

この胎児が生きて生まれれば、

とショックを受けるでしょう。

ショックを受けるという点では同じなので、**胎児にも権利能力を認め、損害賠償の権利を持てるようにした**のです。

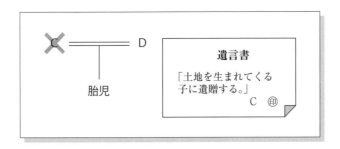

上記の図において、Cは、「土地を胎児に遺贈する」という遺言書を作った後、死亡しました。

この時点で胎児は生まれていません。

遺贈によって、所有権が胎児のところにやってきた時に、胎児が受け取れるかというと、受け取れないはずです。

ただ、ここで**所有権を受け取れないとすると、遺贈の趣旨である、死者の最終意思の尊重が実現できません**。

そこで、条文を作りました。

965条（相続人に関する規定の準用）
　第886条及び第891条の規定は、受遺者について準用する。

準用する、というのは同じ条文を使うよという意味です。先ほど見た886条と同じように、胎児に権利能力を認めますよとしています。

このように、原則的には胎児に権利能力はない、としながらも、例外的に3つの場面ではある、という態度をとってます。

例外はこの3つだけです。

他にもあってもよさそうなのですが、日本はこの3つしか認めていません（このあたりは国の考え方次第なので、理由を考え込まないようにしてください）。

886条（相続に関する胎児の権利能力）
1　胎児は、相続については、既に生まれたものとみなす。
2　前項の規定は、胎児が死体で生まれたときは、適用しない。

2項では、「死産だったら権利能力があったとしないよ」と規定しています。

それは、そうですね。**生活保障のために権利能力を認めたのですから、死産だったら生活保障を認める必要はありません**。

ここの1項と2項の関係、これがどういう関係なのかということについて学者の先生の中で意見が分かれています。

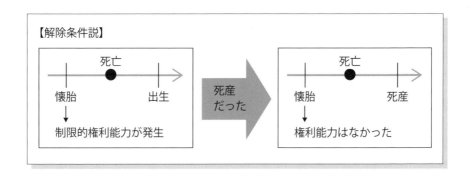

〈図の左側について〉

　「**懐胎すると、その時点で権利能力が発生する**」。だからその後、父が死亡したら相続が受け取れることになります。

〈図の右側について〉

　相続を受け取った後に、**死産で生まれた場合は、懐胎時から「権利能力がなかったとして、処理をし直す」**としています。

　胎児を含めて相続処理をしていたのを、胎児を除いて相続関係を処理し直すということです。

　こういう考え方を解除条件説といいます（説の名前は現時点では外国語だと思ってください）。

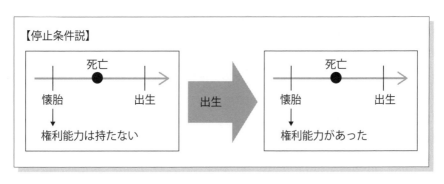

〈図の左側について〉

　懐胎の時点では権利能力は持たないので、そのあと死んだとしても、相続で受

け取ることはできません。**一旦は胎児を除いて相続関係を処理する**ことになります。

〈図の右側について〉

　無事に生まれたのであれば、「懐胎時から権利能力があったとして、処理をし直す」、つまり、胎児を含めて相続関係を処理し直すことになります。

　ちなみに死産だった場合は、権利関係は左側のままです。そのため、相続を受け取らないままという処理になります。この学説を停止条件説と呼びます。

　どちらの学説も、「生まれていれば、相続が受け取れる」「死んでいたら受け取れない」という点は同じです。

　では、どこが違うのでしょう。

> 胎児（まだ生まれていない）時点で、
> 権利能力を持つのか持たないのか。

　両説とも左側の絵の状態のことを指しています。

　解除条件説では、その時点で権利能力を持ち、停止条件説では、その時点では権利能力を持たないところが違います。

　その違いが出てくる、具体的な場面を紹介します。

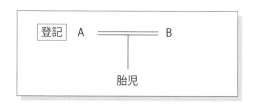

```
┌─────────────────────────────┐
│  登記  A ══════════ B         │
│              │               │
│             胎児             │
└─────────────────────────────┘
```

　Aが不動産を持っています。ここでAが死んだ場合、誰名義にするのでしょうか。

　解除条件説だと、まずはBと胎児名義にします。とりあえずBと胎児名義にし

て、もし、胎児が死産だった場合は、胎児を除いた名義に名義変更します。

　停止条件説だと、まずはBだけの名義にします。とりあえずはB名義にしておいて、生まれたら、Bと胎児（生まれてるから、もう胎児ではありませんが）の名義に変えます。

　このように、説によって処理が違ってきます。
　では現実社会はどちらで処理をしているのかというと、これは条文では分かりません。
　条文では分からないのですが、**最高裁判所は、停止条件説の立場をとっています**。だから、現実の社会は原則として停止条件説で動いていると思ってください。

　ただ、登記の現場では解除条件説を採っています。
　最高裁の立場と、法務省の立場がここで違うのです（こんなことは滅多にありません）。

　以上で権利能力についてはおしまいです。この権利能力については、民法での出題はありません。ただ、不動産登記法での出題がありますので、その学習のときに思い出してください。

(2) 意思能力
　意思能力については、学問的にはいろいろありますが、試験的には全く出たことがないので、ざっくり分かれば結構です。

3条の2
　法律行為の当事者が意思表示をした時に意思能力を有しなかったときは、その法律行為は、無効とする。

　意思表示とは、「動機→決心→表示行為」という過程をクリアして行うものです。
　意思能力というのは、この**プロセスで作ることができる能力**、このように私は考えています。

意思能力は、1、2歳児にはありません（**彼らが、「動機→決心→表示行為」と
いう段階を踏んで意思表示をしているとは思えません**）。

では、仮に、1、2歳児が、売買契約をしたらどうなるでしょうか。

つまり、1、2歳児が、申込みと承諾（らしきもの）を合致させた場合、どう
なるかというと、**これは無効**です。

私的自治の原則（意思がなければ債務なし）、**彼らには意思がないのですから、
債務を負わせるわけにはいきません**。そこで、彼らがやった行為は効力なし、無
効としているのです。

(3) 行為能力

能力の出題は、この行為能力がメインです。

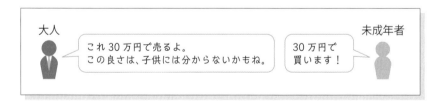

未成年者を財産被害から保護したい
→　売買をするときは、保護者を関与させなさい！

未成年者、彼らは大人と比べて社会経験が少ないです。

そのため、大人と売買契約等をした場合、大人にいいように手玉に取られて、
不利な契約をしてしまうこともおきかねません。

例えば、ほとんど価値がないものを、いいように言われて、30万円で買わさ
れるということが起きかねません。

社会経験が少ない人に、多額の債務を負わせる、これは酷だろうということで
ルールを作りました。

そこで**未成年者には取引をする能力はない、売買したければ、親を関与させよ**、
というルールにしました（本当は制限されている、というべきですが、頭に残り

やすい表現にしました)。

その関与の仕方が2つあります。

　未成年者がいて、この未成年者がバイクを買いたい場合には、未成年者は、親にお伺いを立てるのです。

　こういうOKをもらって、未成年者が申込みをする、これが同意をもらうというパターンです。

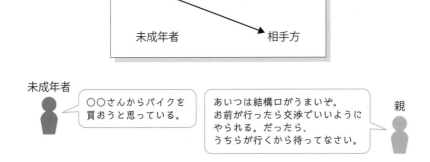

と言って、親が申込みをする、これが代理です。

　この仕組みを使うことによって、未成年者の財産被害は防げます（親がちゃん

と考えていることを前提とします）。

　同意のケースでは、**不当な契約内容だったら親は同意しません**。また、代理のケースは**契約交渉を親が行いますから不当な契約内容にはなりません**。

　このように、**親が代理や同意で関与してあげて、未成年者の財産を保護しようとしている**わけです。

　ただ、このようなルールを作っても、同意や代理もしないで、未成年者が勝手に売り買いしてしまうこともあります。その場合どうなるのでしょうか。

　この未成年者は、同意をもらわず、自分自身が相手方と交渉して、申込みをして、相手方と契約をしてしまいました。

　これは有効です。**有効だから、未成年者は相手に債権を持ち、そして未成年者は債務を負います**。

　ここで、親が売買に気付きました。

こんな場合は、父母が相手方のところに、キャンセルをしに行きます。

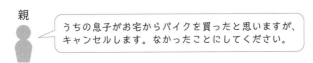

この、なかったことにしてくれというのを「取消し」といいます。これは、親が相手方のところに行って一方的に取り消すと伝えればよく、相手の同意は要りません。

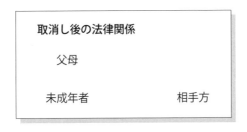

取消しによって、未成年者は、債務から解放されます。これで、**未成年者の財産被害を防ぐことができる**のです。

次の時系列を見てください。

売買契約をした時点では契約は有効、債権・債務は生じます。

その後、親が取消しをしました。この場合、いつから売買契約がキャンセル扱いになるのかというと、契約時からです。

遡及効の処理になり、初めから売買はなかったという処理になります。 そのため、未成年者は、全く債務を負っていなかったことになります。

以上のところを条文で確認しましょう。

5条（未成年者の法律行為）
1　未成年者が法律行為をするには、その法定代理人の同意を得なければならない。ただし、単に権利を得、又は義務を免れる法律行為については、この限りでない。
2　前項の規定に反する法律行為は、取り消すことができる。

まず1項ですが、「未成年者自身がやろうとするんだったら同意が要るよ」といっています（あとは代理という手もあるけど、これは別の条文です）。

次に2項の部分ですが、ポイントが末尾の3文字です。

「できる」という文言になっています。つまり、**取り消すことは義務ではありません。**

もし、**契約内容がよかったのであれば**（未成年者の不利にならないんだったら）、有効のまま**放っておけばいいの**です。

財産被害になる内容なら取消し、そうでなければ放置すればいいとして未成年者を保護しようとしています。

ちなみにこの取消し、誰ができるかというと、親だけでなく、未成年者自身が取り消すことを認めています。自分が勝手にやってきた売買を、自分で取り消すってこともできるのです。

🖐 Point

未成年者の取消し
未成年者が取り消す場合でも、法定代理人の同意を要しない

取り消せば、未成年者は債務から解放されます。つまり、**取り消すことによって、不利なことにはならない**ので、キャンセルすることは、親の同意なく、独断でできます。

覚えましょう

取消し○	法定代理人の同意を得ないでした法律行為は、取り消すことができる（5Ⅱ）。
取消し×	次の行為は、未成年者が単独で有効にすることができる。 ① 単に権利を得、又は義務を免れる行為（5Ⅰ但書） ② 法定代理人が目的を定めて処分を許した財産をその目的の範囲内で処分し、又は目的を定めないで処分を許した財産を処分する行為（5Ⅲ） ③ 法定代理人から「一種又は数種」の「営業」を許された未成年者の営業に関する行為（6Ⅰ）

原則は同意が必要、同意がなければ取り消すことができるという仕組みになっています。

ただ、単独で有効にすることができる場面が3つあります。この単独でできるというのは、「同意なしでやっていいよ。ただ、その後取り消すことができないよ」というニュアンスです。

---

(1) 単に権利を得、又は義務を免れる行為（5Ⅰ但書）

この「単に」というのは、「だけ」、と思ってください。
権利を得るだけ、義務を免れるだけの行為を指しています。

事例	可否
① 売買契約の買主になる	×
② 負担のない贈与を受ける	○
③ 負担付贈与を受ける	×

① 売買契約の買主になるというのは、引渡債権、所有権という権利を得ますが、代金債務を負います。だから、この例外には当たらないので、同意がなければ、売買契約はできません。

② 負担のない贈与を受ける

この場合、所有権を取得する、引渡債権を持つ、権利をもらうだけなので、これだったら、親の同意なしで行うことができます。

制限能力というのは、未成年者の財産を保護するための制度です。**義務を負わず、権利を得るだけだったら、財産被害はないため、単独ですることを認めている**のです。

③ 負担付贈与を受ける

例えば「土地をあげるけど、うちのおばあさんの面倒を見て欲しい」とか、「30万円くれたら、うちの1,000万円の土地をあげよう」、こういう形で、もらえるんだけど何らかの経済的負担をするという場合が、負担付贈与というものです。これは**権利を得るだけではないので、単独ですることを認めません。**

(2) 法定代理人が目的を定めて処分を許した財産をその目的の範囲内で処分し、又は目的を定めないで処分を許した財産を処分する行為 (5 Ⅲ)
目的を定めて処分を許した財産 ：学費で渡したお金 目的を定めないで処分を許した財産：お小遣い

「これは学費で使ってね」「これをお小遣いに使ってね」と言って、親が子供に渡します。その**渡した時点で、親の同意があった**ことになります。

すでに親の同意があるので、このお金で何かを買っても、取り消すことはできません。

(3) 法定代理人から「一種又は数種」の「営業」を許された未成年者の営業に関する行為 (6 Ⅰ)

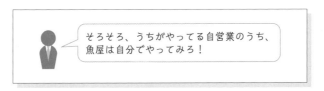

そろそろ、うちがやってる自営業のうち、魚屋は自分でやってみろ！

上の図の父が自営業をしていて、子が手伝っていました。父は、その子に対し、上のような許可を出しました。この場合、商売に関しては子供1人で単独ででき

るようになります。

　ここで、いちいち同意を取らないといけない、となったら
「おやじ、○○さんに、カツオを売っていいか？　○○さんに鮭を売っていいか？」と、毎回確認することになります。
それではお客さんが迷惑します。
　このような許可をもらった場合は、その許可の範囲においてその未成年者を能力者扱いし、親の同意は要らないことにしたのです。

覚えましょう

	保護者の代理権	保護者の同意権	保護者の追認権	保護者の取消権
未成年者	○	○	○	○

　これは、未成年者の保護者は何ができるのかという表です。
　左2つをセットにしてください。
　保護者は未成年者の代わりに代理していくか、未成年者に同意してあげるということができます。

　右2つをセットにしてください。
　同意無しでやった場合は、保護者は取り消せます。
　ただ、取り消すのではなく、**契約内容がよければ、「あれでいいですよ」と後から認める、追認ができます。**
　事前に行うのが同意で、後から認めるのが追認、そんな関係だと思ってください。
　追認の処理について、次に図を作りました。

同意を得ずに売買をしても有効、ただ取消しができる状態になっています。それを後から追って認めれば、もはや取消しはできなくなります。

これは、追認をすることによって、取消権が放棄される、という処理になっているからです。そのため、追認をすれば、もう取消しができなくなります。

問題を解いて確認しよう

1	法定代理人が目的を定めないで処分を許した財産は、未成年者が自由に処分することができる。〔31-4-ア〕	○
2	未成年者は、法定代理人が目的を定めて処分を許した財産については、その目的の範囲内において、自由に処分することができるが、法定代理人が目的を定めないで処分を許した財産について処分する場合、法定代理人の同意を得なければならない。〔オリジナル〕	×
3	負担のない贈与をする旨の申込みを受けた未成年者が、法定代理人の同意を得ずに承諾をした場合、法定代理人は当該承諾を取り消すことができる。〔オリジナル〕	×
4	未成年者が法定代理人の同意を得ないでした法律行為を取り消すためには、法定代理人の同意を要する。〔23-4-イ改題（2-14-ア）〕	×
5	未成年者が法定代理人の同意を得ないでした法律行為を自ら取り消した場合には、その未成年者は、その取消しの意思表示をすることについて法定代理人の同意を得ていないことを理由に、その取消しの意思表示を取り消すことはできない。〔27-4-ア〕	○

×肢のヒトコト解説

2 目的を定めないで処分を許した財産も、事前の同意があったといえるので、その財産を使うときに同意はいりません。

3 単に権利を得るだけなので、同意は不要です。

4 取消しをすることは、単独で可能です。

2周目はここまで押さえよう

未成年者が欠格事由になっている場合

① 後見人（847①）、保佐人（876の2Ⅱ）、補助人（876の7Ⅱ）
② 後見監督人（852・847①）、保佐監督人（876の3Ⅱ・847①）、補助監督人（876の8Ⅱ・847①）
③ 遺言の証人・立会人（974①）
④ 遺言執行者（1009）

（2周目はここまで押さえよう、のコーナーは「あとあと学ぶことが前提知識として必要」「少々細かいので、後から入れた方が効率的」という知識を入れています。民法をすべて通読して、専門用語等が頭に残り始めてきてからお読みください。）

未成年者というだけで、「君は○○になれないよ」と扱われることがあります（こういうのを、欠格事由といいます）。

例えば、未成年者は後見人になれません。後見人は、他人の財産管理をする立場です。自分の財産でさえ管理できない人が、他人の財産を管理するべきではないでしょう（遺言執行者も同じ理由で許されません）。

また、遺言の証人になることも許されません。遺言には色々な内容が含まれることがあり、社会経験の乏しい未成年者には内容を理解できないだろうという配慮と思っておきましょう。

✓ 1	未成年者は、後見人となることができない。〔31-4-ウ〕	〇
2	未成年者であっても、15歳に達していれば、遺言執行者となることができる。〔31-4-オ〕	×
3	満15歳に達した未成年者は、他人の遺言の証人になることができる。〔31-22-ア〕	×

これで到達！ 合格ゾーン

☐ 未成年の子は、原則として父母の親権に服するが、子が養子であるときは、養親の親権に服することとなる（818Ⅰ・Ⅱ）。〔平27-4-イ〕

★養子縁組をすると親権は実親から養親に移ります。そのため、未成年者が行為をする際に、同意を与えるのは実親ではなく、養親となります。

覚えましょう

本人	成年被後見人	被保佐人	被補助人
意義	精神上の障害により事理弁識能力を欠く常況にあって、家庭裁判所の後見開始の審判を受けた者(7)	精神上の障害により事理弁識能力が著しく不十分であって、家庭裁判所の保佐開始の審判を受けた者(11)	精神上の障害により事理弁識能力が不十分であって、家庭裁判所の補助開始の審判を受けた者(15Ⅰ)
保護者	成年後見人	保佐人	補助人

今まで未成年者の話をしてきました。未成年者は、一般常識がないから取引能力を制限されています。

他にも、**精神上の状態が悪いので、取引能力が制限**されている人がいます。

精神上の状態が芳しくない人、例えば、認知症の人等です。

このような人が一般人と同じように売買取引ができるとしたら、悪徳な業者などはここに付け込んで、とんでもないことをするでしょう。

こういった**認知症の人たちの財産を守るために、取引能力がない、として勝手に売り買いができないようにしました。**

認知症の人についてはタイプを3つに分けています。先ほどの図表、左に行けば行くほど認知症の度合いが進んでいる、右に行けば行くほど、認知症の度合いが軽い方です。

一番左の成年被後見人とは、皆さんが考える認知症の度合いが一番進んでいる人です。もはや、**自分では何もできない状態の人**です。

一方、一番右の被補助人とは、たまに認知症の兆候が出てくる、普段は大丈夫なんだけど、たまに危ないというような感じの人です。

　図表の意義のところを見て欲しいのですが、すべてに共通して「審判を受けた」という文言が入っています。

　これは、認知症だから成年被後見人、被保佐人、被補助人になるというわけでなく、認知症の状態で、なおかつ**裁判所にて審判を受けた人が成年被後見人、被保佐人、被補助人になる**ということなのです。

　だから、認知症でも財産がない人は、こういった審判を受けていないことが多いです。

　では、成年被後見人から見ていきます。認知症の度合いが一番進んでいるから、自分では何もできない状態の人です。

(4) 成年被後見人の行為能力

 **覚えましょう**

取消し ○	成年被後見人の法律行為は、取り消すことができる（9本文）。 →　成年後見人の同意を得て行った行為でも、取り消すことができる。
取消し ×	日用品の購入その他日常生活に関する行為は、成年被後見人が<u>単独で</u> <u>有効にすることができる</u>（9但書）。 ex. 食料品・衣料品の購入等

　同意をもらってやっても、同意をもらわずにやったとしても、取消しができます。

　つまり「**基本的には、すべて代理でやってくれ、1人でやるんじゃない**」としているのです。

　一見、同意した内容であれば1人でやってもいいんじゃないかと思うところですが、**認知症の状況が進んでいて、同意の内容すらも忘れている可能性が高い**のです。そこで、同意があったとしても、取引はできないとしました。

　例外もあります（表の「取消し×」のところを見てください）。例えば、おにぎりやパンを買ったり、公共料金を払う行為と思ってください。こういった日常生活に関するもの、さすがにこれぐらいは1人で売り買いしてもいいだろうとしました。

　財産被害ということを考えても、**日用品の購入や日常生活の範囲内の行為であれば、大きな財産被害が起きるものでもないので、1人でやっていいとしたわけです。**

 覚えましょう

	保護者の代理権	保護者の同意権	保護者の追認権	保護者の取消権
成年被後見人	○	×	○	○

　成年被後見人の保護者を成年後見人といいますが、この人ができることを掲載しています。

　左の2つを見てください。同意してもだめ、すべて代理でいくということを表しています。

　右2つを見てください。勝手にやっちゃった場合は、取り消すか、認めるかの2択になります。特にこの**同意権の×というのはよく出題される**ので、意識しておいてください。

これで到達！　合格ゾーン

☐ 精神上の障害により事理を弁識する能力を欠く常況にある者については、家庭裁判所は、本人、配偶者、四親等内の親族、未成年後見人、未成年後見監督人、保佐人、保佐監督人、補助人、補助監督人又は検察官の請求により、後見開始の審判をすることができる（7）。〔25-4-ウ、令3-4-ア〕

(5) 被保佐人の行為能力

 覚えましょう

| 13条1項の行為 | ＋ | 同意権付与の審判による行為 | のみ同意が必要 |

今度は被保佐人についてです。これは認知症レベルでいうと中間の状態の人です。

この方は基本的に、一人で行為ができます。

能力が制限されているのは、13条に規定されている行為だけです。この行為をするには、保佐人の同意が必要です。

13条1項の横を見てください。
同意が必要な行為を広げることもできます。

 うちのおじいさん、13条1項に加えて、○○についても1人でできないようにして欲しい。

こういう感じで、追加で同意権をもらうこともできます。

行為能力を制限できることは13条1項＋αです。13条1項から削るというこ

とはできません。

ではその13条1項とはどんな内容か、それが次の四角枠でまとめてあります。
これはざっくりで構いません。

13条1項の行為

> 元本の領収又は利用
> 借財又は保証
> 不動産その他重要な財産に関する権利の得喪を目的とする行為
> 訴訟行為
> 贈与、和解又は仲裁合意
> 相続の承認・放棄又は遺産分割
> 贈与・遺贈の拒絶又は負担付の贈与・遺贈の受諾
> 新築、改築、増築又は大修繕
> 長期賃貸借（山林10年、土地5年、建物3年、動産6か月を超える場合）
>
> 上記に掲げる行為を、制限行為能力者の法定代理人としてすること

ここに載っているのは、処分に該当する行為です。

被保佐人は、認知症のレベルはそこまで進んでいません。そのため、「**財産管理はできる**」けど、「**財産処分はできない**」**というルールにして、財産処分だけは同意が要るようにしています。**

細かく出ているのは1つ2つしかないので（遺産分割と贈与ぐらいです）、今は無理に全部覚えないようにしてください。

覚えましょう

	保護者の代理権	保護者の同意権	保護者の追認権	保護者の取消権
被保佐人	付与の審判があれば○	○	○	○

一番左の代理権のところを見てください。

代理権付与の審判があれば○となっています。**基本、保護者は代理ができません**。

被保佐人は、**認知症の度合いがそんなに進んでいません**。だったら、**基本的に**

は本人にやらせるべきです。そこで、代理はできないとして、どうしても代理がしたければ、代理権をもらう審判をしてもらいなさいとしています。

　右2つ（保護者の追認権・保護者の取消権）はセットです。勝手にやった場合は、これは取り消すか後で認めるか、ということです。

これで到達！　　合格ゾーン

☐ 被保佐人についての同意権付与の審判につき、日用品の購入その他日常生活に関する行為については、同意を要する旨を求めることはできない（13Ⅱ但書・9但書）。〔25-4-ア、令3-4-オ〕

　★「日用品の購入その他日常生活に関する行為」は、被後見人でも単独でできる行為です。被後見人より能力がある被保佐人も単独でできます（また、これを制限してはいけません）。

☐ 精神上の障害により事理を弁識する能力を欠く常況にある者については、保佐開始の審判をすることはできない（11但書・7）。〔令3-4-エ〕

　★「事理を弁識する能力を欠く常況」の方であれば、後見開始の審判を受けるべきです。そのため保佐開始の審判を認めないのです。

（6）被補助人の行為能力

 覚えましょう

態　　様	補助人の権能	
①同意権付与の審判 （17Ⅰ）	同意権 取消権　追認権	・ 補助人の同意なくして被補助人が行なった行為は取消可
②代理権付与の審判 （876の9Ⅰ）	代理権	・ 被補助人は単独で完全に有効な法律行為をすることができる（取消すべき行為ではない） ・ 代理人に代わってやってもらってもよい
③同意権＋代理権　付与の審判（17Ⅰ・876の9Ⅰ）	同意権　　代理権 取消権　　追認権	・ ①に同じ ・ 代理人に代わってやってもらってもよい

補助開始の審判
＋

補助については3パターンあります。

①補助開始の審判をもらってプラス同意権付与

②補助開始の審判をもらってプラス代理権付与

③補助開始の審判をもらってプラス同意権と代理権両方もらう

というパターンが認められ、補助開始の審判だけをするということはできません。

　例えば、①というのは、「うちのおじいさん、少し心許ないので、不動産取引については同意権をください。おじいさんが1人でできないようにしてください」と申立てをして、同意権をもらいます。ここでおじいさんが勝手に不動産売買をしたとしても、それは取り消すか認めるかの2択ができるという状態になります。

　ただ、この①の状態では代理ができません。あくまでも不動産売買をするのは、（同意をもらって）おじいさんがすることになります。

　③をみてください。「うちのおじいさんが不動産取引をすることができないように、同意権をください。なおかつ代理権もください」といったことも可能です。

これをすれば、保護者に認めている権能のすべてが備わります。

一方、②代理権だけをもらうということもできます。

被補助人　　　　　　　　補助人

（取引能力あり）　　　　代理権のみ

　この場合、**同意権がないので、おじいさんは１人で完全に有効な行為ができます。**

　保護者は代理できるだけなので、おじいさんもおじいさんで売り買いができてしまいます。だから、おじいさんは自分の不動産を売る、代理人は別の人に不動産を売るというような二重譲渡が起きる可能性があります。

　では、なぜ①から③の３つの制度を認めたのでしょう（特に②のケースです）。

　実は①から③の審判をする場合でも、本人の同意が必要になっていて、周りが勝手に審判を申し立てることができないのです。

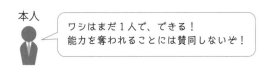

本人

ワシはまだ１人で、できる！
能力を奪われることには賛同しないぞ！

　そして、本人は、同意権を付けられるのは嫌がります（同意権を付けられれば、自分の能力が剥奪されるからです）。本人が①③の申立てについて同意をしてくれず、そのため、代理権付与の審判だけになるというケースもあるようです。

1	成年被後見人が、成年後見人の同意を得て第三者との間で自己所有の土地を売却する契約を締結したときであっても、成年被後見人は、当該売買契約を取り消すことができる。〔オリジナル〕	〇
2	成年被後見人がした行為は、日用品の購入その他日常生活に関する行為であっても、取り消すことができる。〔15-4-イ（25-4-ア）〕	×
3	成年後見人は、成年被後見人の財産を管理し、かつ、その財産に関する法律行為について成年被後見人を代表するが、保佐人は、保佐開始の審判とは別に、保佐人に代理権を付与する旨の審判があった場合に限り、特定の法律行為についての代理権を有する。〔25-4-イ〕	〇
4	保佐人は、家庭裁判所の審判により、特定の法律行為についての代理権を付与されることがある。〔15-4-オ改題〕	〇
5	被保佐人が贈与をする場合には、保佐人の同意を得なければならない。〔25-4-エ改題〕	〇
6	Aが被保佐人であっても、Bと遺産分割の協議をするについては、保佐人の同意を要しない。〔7-21-エ（30-22-オ）〕	×

第3編 民法 総則 ◆ 第1章 私権の主体

×肢のヒトコト解説

2 日用品の購入は、単独でできる行為なので、取消しができません。

6 遺産分割は、相続分の処分になるので同意が必要です。

未成年者が、同意なく売買をしています。この場合、未成年者側は取消権を持ち、取り消すことが「できる」状態になります。

取消しは義務ではありません。放っておいてもいいし、取り消してもいいし、追認もできるわけです。

　すると困るのは、相手方です。**どっちに転ぶかわからない、不安定な状態になる**からです。

　感覚は「無権代理をやられた相手」と同じです。どっちに転ぶかわからない不安定な状態になっているので、催告することを認めています。

　ここで覚えるべき部分は、**「誰に催告するか」「無視した場合はどうなるか」**という点です。この結論は、未成年者の間に催告するのか、成年者になってから催告するのかで結論が大きく変わります。

　まずは、未成年者の間にする催告から見ましょう。

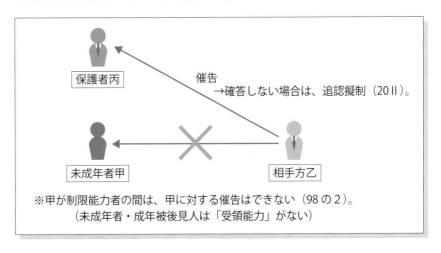

　相手方は**保護者**に「どうするか決めてくれ」と催告し、もしこの保護者が**無視した場合は、追認扱い**となります。

　ここでのポイントは、未成年者に対しては催告ができないことです。

　未成年者には受領能力がありません。受領能力というのは、意思を受け取る高度な能力と思ってください。**この受領能力は未成年者・成年被後見人にはないため、保護者に対してすることになる**のです。

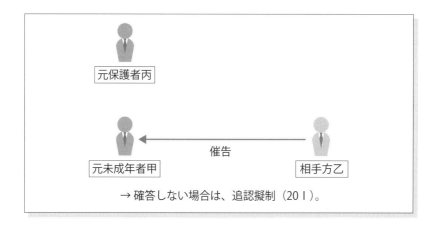

もともとは未成年者の時に取引したため、未成年者側が取消権を持ちました。その後、相手が催告をしようと思ったら、未成年者がもう成人になっていたのです。

もう成年者になっていたのであれば、保護者には権限がありません。そのため、**催告をする相手は、元未成年者自身になります。**そして、**これを無視した場合は、追認扱い**となります。

以上の図が、未成年者と被後見人のケースの図だと思ってください。

次の図が被保佐人と被補助人のケースです。

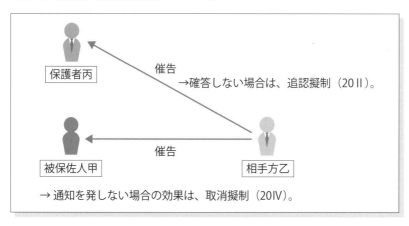

まだ被保佐人の状態です。この場合は、保護者に権限がありますので、**保護者に対して催告ができ、無視した場合は追認擬制**となります。

　一方、**被保佐人にも、催告ができます。**
　受領能力がないのは、未成年者と成年被後見人だけなので、被保佐人自身にも、催告ができるのです。

　ただ、これを無視した場合の処理が違います。この事例では、**取消擬制**です。被保佐人は契約内容がいいのか悪いのかの判断ができないため、無視してもしょうがありません。
　その場合、どうすることが彼のためになるのでしょうか。
　それは、取消しと扱うことです。**取り消すことによって、契約内容がひどくても、彼の財産被害を防ぐことができる**からです。

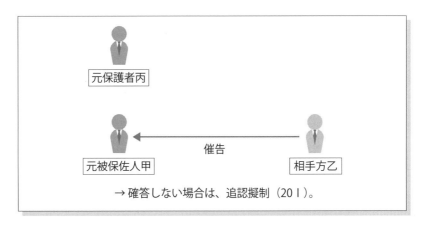

元保護者丙

元被保佐人甲　　←　催告　　相手方乙

→ 確答しない場合は、追認擬制（201）。

　上は、能力取得後の図になっていますが、**これは未成年者の事例と結論は同じ**です。
　催告は、元被保佐人に行います。そして、その彼自身はもう追認するかどうかを判断できる状態なので、これを無視した場合は、追認擬制となります。

　ここの出題のポイントは、誰に催告をするかという点と、無視した場合どうなるかという2点です。
　無視した場合に、取消し扱いになるのは1つだけですので、そこは意識してお

いてください。

　では、次の条文に行きましょう。

> **21条（制限行為能力者の詐術）**
> 制限行為能力者が行為能力者であることを信じさせるため詐術を用いたときは、その行為を取り消すことができない。

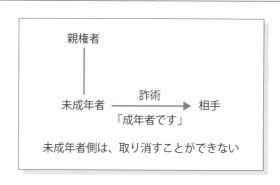

　一般的に、未成年者には物を売りたくないものです。後々になって取り消したとか、そんなことになると面倒だからです。

　そんなことも分かってか、左の未成年者は、「いや僕こんな顔してますけど、もう成人なんです」と、嘘をつきました。そして、相手が騙されてしまいました。

> 人を騙す者には、制裁だ！
> もう取消しをさせないぞ。

　後々になって、「実は僕は未成年者で、親の同意がないから取り消させてくれ」なんてことを認めるべきではありません。

　そして、**未成年者自身の取消しができないだけではありません。制裁という趣旨であるため、親も取消しができないようにしています。**

　ここでのポイントは、詐術を「用いた」という言葉です。つまり積極的に騙す行為をしないと、この条文に当てはまらないのです。

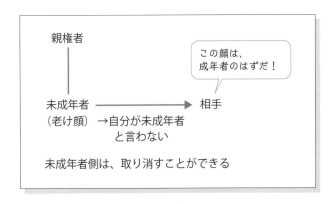

親権者

この顔は、
成年者のはずだ！

未成年者　　　　　　　→　　相手
（老け顔）　→自分が未成年者
　　　　　　　と言わない

未成年者側は、取り消すことができる

　未成年者がいて、やたらと老け顔です。この人が「自分は未成年者だ」と言いませんでした。何も言わずに売買契約をしたら、売った相手側が、「この顔は成年者だな」と勝手に誤解しました。

　未成年者は騙す行為をしているでしょうか？　制裁を加えるべきでしょうか？

　いや、これは**勝手に誤解した相手が悪い**ですよね。そのため、未成年者側は取消しが可能です。
　これを学問的には、「**単なる黙秘は詐術に当たらない**」と言ったりします。
　自分が未成年者だと言わない、これだけだったら、詐術にならないよということです。

問題を解いて確認しよう

1	未成年者Aが、A所有のパソコン甲をAの唯一の親権者Bの同意なく成年者Cに売る契約を締結した事例に関して、Aが成年に達する前に、CがBに対し1か月以上の期間を定めて本件売買契約を追認するかどうか催告したにもかかわらず、Bがその期間内に確答を発しなかったときは、Aは、本件売買契約を取り消すことができない。〔23-4-オ〕	○
2	成年被後見人Aが成年後見人Bの同意を得ないで不動産を購入した場合において、その売主がAに対し1か月以内にBの追認を得るべき旨の催告をしたにもかかわらず、Aがその期間内にその追認を得た旨の通知を発しないときは、その売買契約を取り消したものとみなされる。〔29-4-イ改題〕	×

3	成年被後見人又は被保佐人が相手方に行為能力者である旨誤信させるため詐術を用いた場合、成年後見人は、成年被後見人の行為を取り消すことができるが、保佐人は、被保佐人の行為を取り消すことができない。〔9-1-4〕	×
4	成年被後見人が契約を締結するに当たって、成年後見に関する登記記録がない旨を証する登記事項証明書を偽造して相手方に交付していた場合には、相手方がその偽造を知りつつ契約を締結したとしても、その成年被後見人は、成年被後見人の行為能力の制限を理由として当該契約を取り消すことができない。〔19-6-オ〕	×
5	未成年者Ａが、Ａ所有のパソコン甲をＡの唯一の親権者Ｂの同意なく成年者Ｃに売る契約を締結した。本件売買契約を締結するに際し、ＡとＣとの間でＡの年齢について話題になったことがなかったため、ＡはＣに自己が未成年者であることを告げず、ＣはＡが成年者であると信じて本件売買契約を締結した場合には、Ａは、本件売買契約を取り消すことができない。〔23-4-ア〕	×

───(×肢のヒトコト解説)───

2 催告をする相手を間違えています。この肢は受領能力のない者に行っているので、催告の効果は生じません。

3 詐術をした場合は、成年後見人も保佐人も取消しをすることができません。

4 詐術をしているのですが、相手を騙せていません。これなら、制裁を与える必要はありません。

5 これは「制限能力者である」ことを言わなかった、という黙秘の論点です。単に言わないだけなので、これでは詐術になりません。

(7) 不在者・失踪宣告

　自然人、能力の話は終わりまして、ここでは、「ある自然人が、どこかにいってしまって、連絡が取れない」という論点です。

　特に失踪宣告の部分の出題がメインです。要件・効果を意識して覚えましょう。

親父がいなくなっちゃった、
親父の財産どうしよう。

　家族が管理すればいいじゃない、と思うところですが、家族だって他人です。他人が財産を管理すると、あれこれとハードルが出てきます（例えば、銀行の手続を他人がやろうとしたら、家族であっても相当いろんなことを聞かれます）。

　この場合、裁判所に行って財産を管理する人を選びます。

　ここで選ばれた人は、不在者財産管理人と呼ばれます（家族が選ばれることもありますし、財産が多い場合は弁護士さんが選ばれたりします）。

（8）家庭裁判所の許可の要否

◆ 不在者財産管理人の行為と家庭裁判所の許可 ◆

	家庭裁判所の許可
保存行為・利用行為・改良行為 （103条の権限の範囲内の行為）	不要 （28前段）
処分行為 （103条の権限の範囲外の行為）	必要 （28前段）

　この不在者財産管理人が財産の管理を行います。**名前のとおり、管理はできますが、処分行為は基本できません。**

　ただ、「預金を下ろして税金を払わなきゃいけない」そういった時のように処分行為が必要な場合も出てきます。この場合は、**裁判所の許可があれば可能**としています。

　条文を今一度見て欲しいのですが、いなくなって何年経てば管理人が選べる、と書いてありますか？

　そう、書いていません。

「○年間いなかったら管理人が選べる」とは規定していないのです。（そのため、昨日から親父がいない、今日管理人を選ぶということも、条文上は可能なのです）。

問題を解いて確認しよう

1	Aの父Bが旅行中、船舶事故に巻き込まれたまま生死不明になった場合、Bが事故に遭遇してから1年が経過しなくても、Aは、家庭裁判所に対しBのために不在者の財産管理人の選任を請求することができる。〔7-2-イ〕	○
2	家庭裁判所が不在者Aの財産管理人としてDを選任した場合において、DがA所有の財産の管理費用に充てるためにAの財産の一部である不動産を売却するときは、Dは、これについて裁判所の許可を得る必要はない。〔22-4-イ〕	×

×肢のヒトコト解説

2　財産処分になるので、家庭裁判所の許可が必要です。

2周目はここまで押さえよう

◆ 不在者の財産管理 ◆

財産管理人を置かなかった場合	不在者が財産管理人を置いていた場合
利害関係人又は検察官の請求により、財産管理人の選任その他の必要な処分をする(25 I 前段)(注1)。	① 財産管理人の権限が消滅したとき 利害関係人又は検察官の請求により、財産管理人の選任その他の必要な処分をする(25 I 後段)。
上記による命令後、本人が管理人を置いたとき → 家庭裁判所は、その管理人、利害関係人又は検察官の請求により、その命令を取り消さなければならない。	② 不在者の生死が不明となったとき 利害関係人又は検察官の請求により、財産管理人を改任することができる(26)。

(注1)
・「不在者」とは、従来の住所又は居所を去った者をいい（25）、生死が不明であることは、要件となっていない。

不在者
（生存明らか）

財産管理人
選任OK

　従来の住所等を去ると不在者と扱われ、不在者財産管理人が選任できます。その人が死んでいそうか、どうかは要件になっていません（先ほど掲載した25条を読みこんでみてください）。

　そのため、不在者で生存が明らかでも、不在者財産管理人を選任できるのです。

自分の財産管理は
〇〇サンに頼んだ

「〇月〇日をもって取り消します」

不在者

裁判所が選んだ
財産管理人

　ある人が不在者になった後、周りの人が財産管理人を選任しました。その後、本人が自分の財産を管理する人を選んだようです。

　本人の意思、本人が選んだ財産管理人を尊重すべきでしょう。

　この場合、家庭裁判所は財産管理人の選任を取り消すことになります。自動的に権限がなくなるのではなく、「いつまで職務をしていたのか」を明確にするために、取消しを要することに注意してください。

監督できない →

「別の人に代えます」

不在者
→生死不明

本人が選んだ
財産管理人

　本人が財産管理人を選んだうえで、不在者になりました。その後、その本人の生死が不明になってしまいました。

　そのため、本人がいないせいか、財産管理人の管理が相当雑になったようです。

　このように、不在者の生死が不明となったときは、本人が監督できないことから、関係者からの請求により、家庭裁判所は財産管理人を改任することができるようにしています。

　択一の問題では、「不在者の生死が不明となったとき」という要件が載っているかを意識してみるようにしてください。

✓ 1　不在者の財産の管理人 (以下「管理人」という。) に関し、不在者が管理人を置いていない場合においても、その不在者が生存していることが明らかであるときは、利害関係人は、管理人の選任を家庭裁判所に請求することができない。〔28-4-2〕　×

2　不在者の財産の管理人 (以下「管理人」という。) に関し、家庭裁判所が管理人を選任した後、不在者が従来の住所において自ら管理人を置いた場合には、家庭裁判所が選任した管理人は、その権限を失う。〔28-4-3〕　×

3　不在者Aが財産管理人Dを置いた場合において、DがA所有の財産の管理を著しく怠っているときは、家庭裁判所は、Aの生存が明らかであっても、利害関係人の請求により、管理人の任務に適しない事由があるとしてDを改任することができる。〔22-4-エ〕　×

4　不在者の財産の管理人 (以下「管理人」という。) に関し、不在者が管理人を置いた場合には、その不在者の生死が明らかでなくなったとしても、利害関係人は、その管理人の改任を家庭裁判所に請求することができない。〔28-4-1〕　×

これで到達！　合格ゾーン

□　家庭裁判所が選任した不在者財産管理人は、28条所定の家庭裁判所の許可を得ることなしに、不在者を被告とする建物収去土地明渡請求を認容した第一審判決に対し控訴することができる (最判昭47.9.1)。〔28-4-4〕

　★不在者の財産の現状を維持する行為として103条1号にいう保存行為に該当するものであるからです。

家庭裁判所は、不在者の財産の管理人と不在者との関係その他の事情を考慮し、当該管理人に対し、不在者の財産の中から報酬を与えることも、与えないこともできる（29Ⅱ）。〔令2-4-オ〕

★不在者といっても財産がある不在者もいれば、財産があまりない不在者もいます。裁判所はこれを考慮して、管理人に報酬を与えるかどうかを決めます。

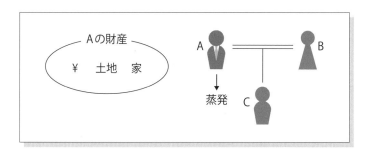

父Aには妻Bと子供Cがいます。この父、すべてに疲れたのでしょうか。蒸発して、もう数年間帰って来ていません。

みんなが大迷惑します。いなくなって大変だということもありますが、法律上も迷惑を受けます。

例えば、**妻に新しい恋人ができたとしても、夫とはまだ結婚状態なので、再婚できません。**
また、**夫の財産があっても、使えません。**
このように蒸発したことによって、周りの人が大迷惑します。

もし夫が死んでいたらどうでしょう。

夫が死ぬと妻との婚姻関係はなくなります。だから妻は再婚できます。

夫が死ねば、財産は相続で配偶者・子供に降りますので、その財産が使えます。

「いなくなると周りが困る→死んだことにすると、物事がスムーズに進む→**だったら、死んだ扱いにしよう**」

　裁判所に請求して、失踪宣告をもらいます。すると、法律上は死亡したものとして処理できるようになります。

　これが、失踪宣告という制度です。

　これは**周りの法律関係を安定化させるために、本人を死んだものとして扱うという制度**です。

　周りの法律関係の安定のために作った制度です。そのため、本人がどこかで生きていたとしても、**失踪宣告により彼の権利能力は失われません**（本人が物の売り買いなどすることは可能です）。

　では、どういう手続で失踪宣告を行うのでしょうか。

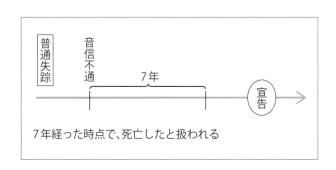

先ほどの管理人と違って、一定の年数が必要です。**7年間、音沙汰がないと、**

やっと失踪宣告の申立てができます。

　図の一番右に宣告とあります。これが失踪宣告を受けたということです。

　これにより死んだという扱いになるのですが、いつ死んだことになるのでしょうか。

　これは**7年経過時のところで、死んだという扱い**になります。音信不通になった時ではありません。

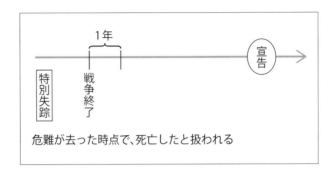

　特別失踪と書いてあります。これは**死の危険の高いトラブルに巻き込まれた場合**です。例えば、戦争の取材に行ったけど帰って来ない、タイタニックという船に乗ったら沈没したなど、死の危険の高いトラブルに巻き込まれたという場合です。

　この場合は7年も待ちません。**1年経てば、裁判所に行けます。**

　そして、**宣告を受けたら戦争終了時に死んだという扱い**になります。1年経った時ではありません。

　戦争に取材に行って帰って来ない、いつ死んだと考えるかといえば、**戦争で死んだと考えるのが通常の感覚**でしょう。

　まとめの表を作りました。普通失踪と特別失踪の違いを意識して覚えるようにしましょう。

◆ 失踪宣告の要件及び効果 (30・31) ◆

	普通失踪	特別失踪
要件	①失踪者の生死が7年間不分明であること	①死亡の原因たる危難に遭遇した者の生死が当該危難の去った後1年間不分明であること
	②利害関係人の請求があること ③家庭裁判所の審判があること	②利害関係人の請求があること ③家庭裁判所の審判があること
効果	失踪期間満了の時に死亡したものとみなされる	危難の去った時に死亡したものとみなされる

32条（失踪の宣告の取消し）
　失踪者が生存すること又は前条に規定する時と異なる時に死亡したことの証明があったときは、家庭裁判所は、本人又は利害関係人の請求により、失踪の宣告を取り消さなければならない。

実は親父が生きていて、帰って来たという話です。

親父が生きていたとしても、法的には死んだままになっているため、その失踪宣告をなかったことにしてもらいます（これは、裁判所に行って「失踪宣告の取消し」をしてもらいます）。

では、失踪宣告を取り消したらどうなるのでしょうか。

32条（失踪の宣告の取消し）
2　失踪の宣告によって財産を得た者は、その取消しによって権利を失う。ただし、現に利益を受けている限度においてのみ、その財産を返還する義務を負う。

A「なんで、自分の財産を持っているの？返しなさい！！」

B C「相続で承継したAの財産」

死んだことによって、相続で財産をもらっていたとします。**生きていたのですから、それは返さなきゃいけません。**

では、どれぐらい返さないといけないかというと「現に利益を受けている限度

においてのみ」と規定しています。

　これを現存利益といい、**残っている分を返せばいいよ**、と思ってください。

　具体例で見てみましょう。

　例えば、20万円分だけ相続があったとします。これを完全に使い込んでいて、今1円も残ってない場合はどうでしょう。

　これは残っている分がないのですから、返すものはありません。

現金20万円 ⟹ 0円（ダイヤ（20万円）を購入している）

　20万円が相続で降りてきて、嬉しくてダイヤを買ったようですが、その後、親父が帰ってきてしまいました。この場合はどうでしょうか。

　この場合、現金は残っていませんが、ダイヤという形で残っています。

　だからこの場合は、20万円を返す必要があります（**現金でなくても、形を変えて残っているものがあれば返す必要がある**のです）。

現金20万円 ⟹ 0円（生活費として使っている）

　20万円を生活費として使っていました。

　今月の生活費は、相続で降りた20万円を使ったかもしれないけど、もともと生活費が20万円かかるということは、どこかで準備しているはずです。

　その**準備しているお金が残っているはずだと考えて、20万円を返済する義務を課しました。**

すると「浪費などで使いこんだ方が得じゃないか」と考えてしまいますね。
こればっかりは、**法の不備としかいいようがありません**。

> 32条2項は財産の直接取得者の善意・悪意を区別していないが、取得者が悪意の場合には同項の適用はなく、704条により全部の返還義務を負うとするのが通説である。

704条（悪意の受益者の返還義務等）
　悪意の受益者は、その受けた利益に利息を付して返還しなければならない。この場合において、なお損害があるときは、その賠償の責任を負う。

ちなみにこの32条2項の適用を受けるのは、善意の場合だけです。悪意なら、32条2項の適用を受けません。

善意・悪意という話、知らない、知っているという意味でしたね。
つまり、親父が生きていることを知らない状態ですから、**相続で降りてきたものを使ってもしょうがありません**。だから残っている部分でいいよとしています。

おやじは生きているのに、
失踪宣告がされた。
ということは、この財産は
そのうち返すことになるな…。

B　C

相続で承継した
Aの財産

一方、親父が生きていることを知っていた場合は、これは**あとで返すことを分かっているはずですから、使うべきではない**でしょう。この場合は、704条によって、全部の返還義務を負うことになります。

問題を解いて確認しよう

1	Aの父Bが旅行中、船舶事故に巻き込まれたまま生死不明になった場合、Bが事故に遭遇してから1年が経過すれば、Aは、家庭裁判所に対し、Bについての失踪宣告を請求することができる。〔7-2-ア〕	○
2	Aの父Bが旅行中、船舶事故に巻き込まれたまま生死不明になった場合、Bが事故に遭遇して生死不明になったことを理由として、Aの請求により失踪宣告がされた場合には、Bは、事故から1年を経過した時に死亡したものとみなされる。〔7-2-ウ〕	×

　ここまでは、相続でもらったものを返すという話でしたが、相続でもらったものを売ってしまっていたらどうなるか、という話にいきます。

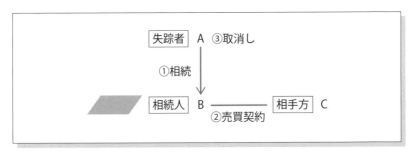

　Aが失踪宣告を受けました。土地がBに降ります。降りた土地をBがCに売りました。

　この後、このAが帰って来て、失踪宣告が取り消されました。この場合どういう法律関係になるのでしょうか。

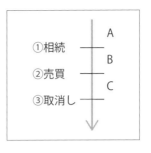

　左側は事件の流れ、右側は、所有者の流れです。

　所有者はもともとA、死んだことにより相続でBに行きます。その後売ることによって、所有権がCに行ったあと、失踪宣告の取消しがありました。

　失踪宣告の取消しには、遡及効があります。つまり、全く死んでいなかった、初めから一瞬たりとも死んでいなかったという扱いになります（それはそうですよね。**一旦は死んだけど、失踪宣告の取消しでよみがえったっていうのはおかしいです**）。

　全く死んでいなかったという処理になりますので、法律関係が思いっきり変わります。

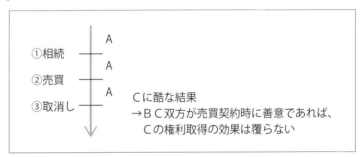

　初めは所有者がAで、相続などなかったから所有者はAで変わりません。その後、BがCに売っていますが、所有者でない人が売っていますから、所有権が移るわけはなく、所有者はAのままです。

　この状況、Cは、一度手に入れた所有権を失うことになります。

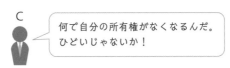

C

何で自分の所有権がなくなるんだ。
ひどいじゃないか！

と思うところです。Cを保護する必要が生じます。

そこで、最高裁は、図の**BとC両方が善意だったら、Cの所有権取得は覆らな**
いとしました。
　つまり、Aが生きていることをBは知らなかった、Cも知らなかったという場
合は、Aが帰ってきても、Cの所有権取得はもう覆らないとしたのです。

　一方、Cが悪意であった場合（Aが生きていることを知って買った場合）、こ
の場合は、取消しによってCの所有権は吹っ飛んで、Aが所有者に戻ります。
　それだけでなく、Bが悪意でCが善意の場合、この場合も、Cは所有権取得が
できなくなるのです。
　Cを保護してあげたいという気持ちもありますが、Aの財産も守ってあげたい
ため、BC双方の善意を要求しているのです。

　最後になりますが、BC双方が善意だとCの所有権取得は、覆らないと言いま
した。ただ、それだけであって、Aの失踪宣告の取消しは可能です。
　つまり、「**BとC双方が善意だと、Aの失踪宣告を取り消すことができない**」、
というわけではありません。

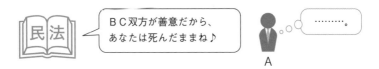

民法

BC双方が善意だから、
あなたは死んだまままね♪

………。

A

　これはおかしいですね。
　売主買主、双方善意の場合は、失踪者は財産を取り返すことができませんが、
失踪宣告を取り消すことは可能です。

問題を解いて確認しよう

Aが失踪宣告を受け、Aの妻BがAの土地を相続した。Bは、相続した土地をCに売却した。その後、Aが生存することが明らかになったため、失踪宣告は取り消された。

1　BがCに土地を売却した際にAの生存について悪意であったときは、Cが善意であっても、Aについての失踪宣告の取消しにより、Cは、当該土地の所有権を失う。〔18-5-ウ〕　　○

2　BがCに土地を売却した際、BとCがともにAの生存について悪意であった場合において、CがDに土地を転売したときは、DがAの生存について善意であったとしても、Aについての失踪宣告の取消しにより、Dは、当該土地の所有権を失う。〔18-5-エ〕　　○

3　BがCに土地を売却した際、BとCがともにAの生存について善意であった場合において、CがAの生存について悪意であるDに土地を転売したときは、Aについての失踪宣告の取消しにより、Dは、当該土地の所有権を失う。〔18-5-オ〕　　×

×肢のヒトコト解説

3　BC双方が善意の時点で、Cが所有権を取得します。そのCが所有権を売却しているだけなので、Dは所有権取得できます（BCのところで法律関係は確定していると考えるといいでしょう）。

第2節　法人

　直接の出題は、近年ほとんどありません。法人の意味と、権利能力なき社団の概要をおさえるぐらいでいいでしょう（権利能力なき社団は、不動産登記法でよく登場する団体です）。

(1) 法人総説

　法人というのは、文字通り、法が人にした団体のことです。

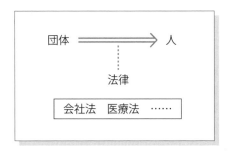

法律があれば、それによって団体を人にできます。

その法律はいろいろあります。

儲けたいという場合は、会社法という法律が人にしてくれます。病院などを経営する場合は、医療法という法律が人にしてくれます。

このように、**法律の規定があれば団体も人になれます**。こういった団体を法人といいます。

この法人という概念は、民法でも規定はありますが、出題は全くありません。

(2) 権利能力なき社団

権利能力なき社団、イメージでは大規模な同窓会、大規模なOB会、地域の団体等を考えてください。

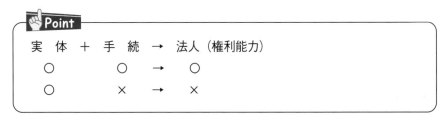

実体があって、手続を踏むと法人となります。

実体：組織をちゃんと作っている。

手続：会社法や医療法などの法が要求する手続です。

この2つをこなすと、人となって権利能力がもらえます。

ただ、日本にある団体の中には、

実体はあるけど手続を踏んでいない、というものが数多くあります。

　例えば、大学の大きなOB会を考えてください。資金力、役員の数等を考えてみると、下手な中小企業よりスケールが大きいものがあります。

　ただ、そういった団体の多くは、手続を踏んでいないため、法人とは扱いません。

　法人とは扱わないのですが、**実体があるのであれば、ある程度は保護していいのではないか**、という発想から生まれたのが権利能力なき社団という概念です（条文にはないけど、保護しようという発想です）。

　この権利能力なき社団、もちろん、権利能力はありません。だから、所有権を受け取ることはできません。

　X団体という権利能力なき社団があります。ABCDEFがメンバーだと思ってください。「大学の同窓会」と「同窓会のメンバー」という関係と思ってください。

　この同窓会が、ある人から不動産を買いました。

　所有権はどこに飛んでいって、誰が受け取るのでしょう。

　X団体が受け取ることはできません。

権利能力がないのですから、X団体が受け取ることはできません。

所有権は、ＡＢＣＤＥＦ全員で受け取るのです。その結果として、**この不動産は、ＡＢＣＤＥＦ6人が持っている状態**になります。

　1つの所有権を複数人で持つ、これを共同所有と呼びますが、民法は3つのパターンを用意しています。

◆ 共同所有の3パターン ◆

	持分	分割請求
共有	ある	ＯＫ
合有	潜在的にある	原則、ＮＧ
総有	なし	ＮＧ

これを1つ1つ説明していきます。
　まずは共有です。共同所有形態の9割9分は、この共有というものになります。

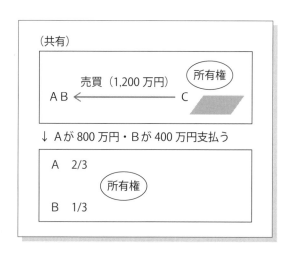

（共有）

売買（1,200万円）　　所有権
ＡＢ ← Ｃ

↓ Ａが800万円・Ｂが400万円支払う

Ａ　2/3
所有権
Ｂ　1/3

　Ｃの土地を、ＡとＢで買うことになりました。
　Ａが800万円、Ｂが400万円払ったようです。
　この場合、1個の所有権がＡとＢのところへ飛んで行き、ＡとＢ2人で1個の所有権を持つことになります。この場合の共同所有は、「共有」と呼ばれる状態です。

　最大のポイントは、割合を持つという点にあります。

　多く払ったＡは３分の２という割合（これを持分といいます）、少なかったＢは３分の１という持分を持ちます。

　ちなみに、ＡとＢは、この**持分を売ることも可能**です。この持分を売ることによって、共同所有者が変わります。

　ＡとＢで共同所有は面倒くさいから解消しよう、ということで、ちぎって分けることにしました。このように**共同所有から単独所有にすることを、共有物分割といいます**。共有だけにできる行為です。

　共同所有になったら、全てがこの共有という扱いになります。これからやる合有・総有は、特殊な場面でしか出てきません。

　では、次は合有を説明しましょう。これは、組合契約をした場合、信託をした場合に登場する話です。信託については、不動産登記法の書籍で説明しますので、ここでは組合契約を説明しましょう。

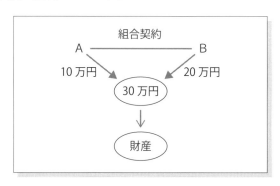

　ＡとＢで、「お祭りで屋台をやろう、Ａは10万円、Ｂは20万円払って始めよう」と合意しました。これが組合契約と呼ばれる行為で、何かの商売をしようと約束する契約だと思ってください。

　その後、2人でお金を出し合って、そのお金で材料等を買ったようです。

この材料は、AとBの共同所有です。その共同所有形態は、「合有」と呼ばれます。

この合有の場合、持分というのは出てきません（だから、持分譲渡はできません）。

ただ、持分は、清算時になると現れてきます。祭りが終わって、清算する時に持分が現れて、その持分に応じて、配当がされることになります（そのため、**持分が「潜在的」にあると表現**されます）。

また、合有では、共有物分割請求ができません。

例えば、鳥を焼く機械を買っていたとします。その後に、**共有物分割だと言って、その機械を持って帰られたら、商売を続けられません。** この商売を続けるために、合有では分割請求というものを認めません。

もう1つのパターンがあります。図に戻って、「総有」という部分を見てください。

総有という状態は、持分はないし、分割もできずに、ただ**単に使える状態のことを指します。** 具体例はほとんどありません。

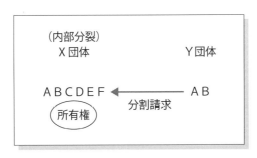

Xという団体が所有権を持っています（正確には、メンバー全員の共同所有の状態です）。

この団体が内部分裂を起こし、ABが新たにY団体を起こしました。

このY団体が「共同所有形態は、共有である。共有であれば共有物分割ができる。だから、財産の3分の1ぐらいは返せ」と言ってきたのです（この団体、相当財産をため込んでいました）。

権利能力なき社団の共同所有は、先ほどやったどのパターンなのでしょうか。

これは条文がなく、最高裁まで争いになりました。最高裁判所は、**権利能力なき社団の共同所有形態は、総有と判断**しました。総有なので、**分割請求に応じられないという結論**にしたのです。

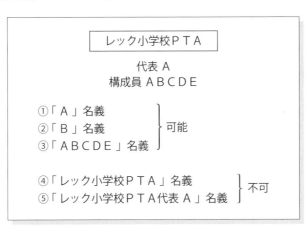

ある権利能力なき社団が不動産を買いました。不動産は、誰名義にすればいいのでしょうか。

筋を通せば、みんなの共同所有形態なんだから、ＡＢＣＤＥ名義にすべきです。ただ、これ構成員が5人ならいいのですが、大学の同窓会等で考えたら、ＯＢなんてどんどん増えますよね。そのＯＢ全員名義にする（しかも、メンバーが増えたら名義変更する）……**現実性がありません**ね。

そこで実際には、**代表者とか、誰かの個人名義にすることを認めています。**

ただ、誰かの個人名義にすることはできるのですが、**権利能力なき社団の名義にすることは絶対に認められません。**

理由はいろいろありますが、一番怖いのは、架空名義をでっち上げられることです。

権利能力なき社団というのは、手続は要らないので、簡単に作れます。すると、**自分の財産が強制執行されることから逃れるために、権利能力なき社団名義をでっち上げて、その名義にしてしまうということをやられかねません。**こういったことが怖いので、判例は権利能力なき社団の名前が付いた名義を認めていないのです。

第2章 私権の客体（物）

ここでは物という概念を学びます。
本試験で問題としては出題されないのですが、
これから学習するいろんなところの
前提知識になるところです。

覚えましょう

◆ 動産と不動産の違い ◆

	不動産	動産
公示方法	登記（177）	引渡し（178）
抵当権の客体	客体となる	原則　客体とならない

物は不動産と動産に分かれます。

不動産というのは土地と建物、動産というのはそれ以外を考えてください。

土地や建物は動かすことができません。だから「不」動産という用語を使い、それ以外の物は動産と呼びます。

この2つにはいろんな違いがありますが、今は2つほど知っておいてください。

まずは公示の方法です（ある意味、二重譲渡で勝つ方法といってもいいでしょう）。

不動産は、先に登記をすることで公示します。

そして、**動産については、先に引渡しを受ける**ことです。動産には原則として、登記簿がないため、先にもらった方の勝ちとしているのです。

他にも、抵当権が付けられるかにも違いがあります。

不動産には抵当権を付けることができますが、**動産には抵当権を付けることは基本できません**（自動車や飛行機等には付けられる場合がありますが、そこまで

考えなくていいです）。

建前（動産）	建物（不動産）
工事開始	屋根と壁ができた	工事完成

　いつから建物となるかということを表している図です。建物になるのは、屋根
壁ができた状態、つまり、**雨風が防げる状態になった時**なのです。そのため、建
築中の建物に抵当権を設定できるのは、この屋根壁ができた状態となってからと
なります。

主物と従物（87）
ex. ボールペンとキャップ、建物と畳、建物と取り外し自由なクーラー

　物の効用を助ける附属品、かつ取り外しができるものを従物と呼びます。
　ボールペンとキャップというのは取り外しができるし、キャップは、ボールペ
ンが乾かないようにするためのものです。建物と畳も、取り外しができますし、
畳は建物の効用を助けます。
　これには重要な条文があります。

87条（主物及び従物）
2　従物は、主物の処分に従う。

　主物を買ったら、何も言わなくても従物もくっついてくるよ、これが87条2
項が言いたいことです。
　だから「ボールペンをくれ」と言えば、一緒にキャップもついてきますし、
「建物を買うよ」と言えば、中に付いている畳も一緒にくっついてきます。

　この条文の応用バージョンが重要です。次の図を見てください。

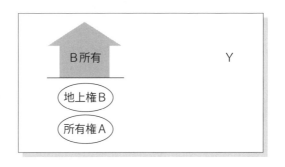

　Aが土地の所有権を持っていて、Bがそこに地上権を付け、Bはその上に、建物を建てました（もちろん、このBは不法占有者ではありません）。

　ここで、Bが建物を売ると、附属品で地上権もくっついてきます。地上権は物ではないので、従「物」ではなく、従たる「権利」と呼ばれます。

　ちなみに、この図の地上権の部分が賃借権の場合でも、建物を買えば賃借権はくっついてきます。

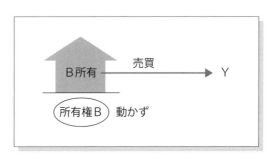

　Bは土地所有権と建物所有権を持っていましたが、ここで建物だけをYに売った場合、土地の所有権は、くっついていきません。**土地の所有権は従たる権利とは扱っていません**。

　この場合は、土地を売るということを明確に契約しないと、Yは土地を使う権限がないのに建物を建てているので不法占拠となってしまうのです。

天然果実	元物からその経済的用法に従って、自然に収取されるもの ex　野菜・牛乳等
法定果実	元物を他人に使用させた対価として収受されるもの ex　家賃・地代・利息等

所有権は、使用すること、収益を出すこと、処分することができますが、この**収益というのは「果実を得る」こと**を指します。

　そして、この果実には、天然果実と法定果実があります。

　天然果実とは、まさに皆さんが考える果実と思っておけばいいでしょう。自然に生み出されるものです。

　一方、法定果実とは、貸して得られるものだと思ってください。例えば、家を貸せば家賃、土地を貸せば地代が発生しますよ。また、お金を貸せば利息が発生しますよ。このように、貸して得られるものを、法定果実といいます。

　所有者であれば収益権があるので、土地から生まれる作物を取ることができますし、その土地を貸して地代を取ることもできるのです。

第3章 法律行為総説

> この章からは、意思表示について見ていきます。
> まずは意思表示には「単独行為」と「契約」という
> タイプがあること、そのタイプの違いをしっかりと
> 理解しましょう。

◆ 法律行為の分類 ◆

契約	申込 → ← 承諾	売買契約（555）、賃貸借契約（601） 消費貸借契約（587）
単独行為	──────→	取消し（121）、債務の免除（519） 遺言（960）

　契約という部分を見てください。この図の矢印は、意思表示と思ってください。

　契約といった場合は、必ず申込みという意思表示と、承諾という意思表示、この2つの意思表示がぴったり合うことが必要になります。

　これと真逆なのが、単独行為というものです。これは矢印が一方方向だけで、こちらの意思だけで効果が発動されるものです。

　例えば、取消しの意思表示は単独行為です。

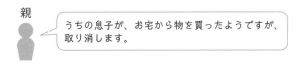

親

うちの息子が、お宅から物を買ったようですが、取り消します。

　一方的に向こうに伝えるだけで取消しの効果は発動されるのです（向こうのOKなんて要りません）。

　他にも、債務の免除というものも単独行為です。これは借金をチャラにするというもので、債権者から債務者への一方的意思だけで完成します。

　また遺言も、単独行為に当たります。遺言書を書いておいて、死亡することに

よって、効果が発動します（遺贈する場合でももらう人の承諾がなくても、所有権は飛んで行くのです）。

この単独行為は、もう少し細かく分類することが必要です。次の表を見てください。

相手方のある単独行為 （受領を要するもの）	相手方のない単独行為 （受領を要しないもの）
① 法定代理人の同意 ② 取消し ③ 解除 ④ 追認及び追認の拒絶 ⑤ 債務免除 ⑥ 相殺	① 所有権の放棄 ② 占有の放棄 ③ 相続の放棄 　 ただし、相続放棄は家庭裁判所への 　 申述が必要 ④ 遺言

単独行為には２つのグループがあります。

向こうのＯＫはいらないけど、**届いて効力が生じるというグループと、発した時に効力を生じるというグループ**です。

基本的に単独行為といった場合は、届いて効力が生じる（表の左側です）行為が全てです。

ただ受領を要しないものもあります（表の右側です）。

これは**ほとんどが「放棄する」類のもの**です。捨てる関係は基本的に相手のＯＫが要らないと思っていいでしょう。

ただ、図の中の相続の放棄には気を付けてください。

３人兄弟の１人が相続を放棄する場合、他の兄弟に放棄のことを知らせる必要はありませんが、この放棄という手続自体は、家庭裁判所に行ってする必要があります。

もう１つ、相手に届ける必要がないものが遺言です。

　遺言の意思表示が完成するのは、死んだ時点です。そのため、「土地を遺贈する」という内容の遺言書を書いていた場合、所有権は死んだ時点で、相手の方に飛んで行きます。

　相手が知らない間に、相手は所有権取得をしているのです（もちろん登記手続などは、向こうに伝わってから行うことになりますが…）。

第4章 法律行為の客観的有効要件

どんな法律行為でも有効になるのではなく、下の①②③のどれか一つでもクリアしないと、無効になります。ただ、ここは当たり前のことを難しく書いているだけなので、肩の力を抜いて読んでください（用語を無理に覚える必要もありません）。

---

① 内容の確定可能性　ex.「何かいい物を売る」という売買契約は無効

こんな契約を有効にしたって、何を渡せばいいのでしょう……

裁判で勝った場合、何を強制的に持ってくればいいのでしょう……

こんな契約を有効にする必要ありません。

---

② 内容の適法性　ex. 麻薬の売買契約は無効

法律違反の契約を有効にする必要はありません。有効にして「麻薬を渡す債権」を発生させるのはマズいですよね。

---

③ 内容の社会的妥当性　ex. 愛人契約は無効

例えば、「マンションをあげるよ。その代わり、月に3回性的交渉に応じること」、こういう愛人契約を無効にする条文はありません。

ただこういった契約は、一般常識に反します。このような一般常識に反する契約は、次の条文に該当して無効と扱われます。

90条（公序良俗）
公の秩序又は善良の風俗に反する法律行為は、無効とする。

この条文に当たる場合は、民法90条違反で無効とか、公序良俗違反のため無効と表現されます。

第5章 意思表示

ここでは意思表示のトラブルを見ていきます。
トラブルの中でも出題が多いのが、虚偽表示と詐欺です。
特に、第三者との関係の部分が重要です。

第1節 意思の不存在と瑕疵ある意思表示

（1）心裡留保

> **93条（心裡留保）**
> 1　意思表示は、表意者がその真意ではないことを知ってしたときであっても、そのためにその効力を妨げられない。ただし、相手方がその意思表示が表意者の真意ではないことを知り、又は知ることができたときは、その意思表示は、無効とする。
> 2　前項ただし書の規定による意思表示の無効は、善意の第三者に対抗することができない。

心裡留保という言葉は、「ウソ」と翻訳してください。

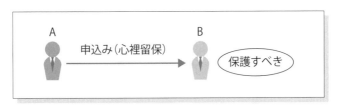

AがBにあげる気なんてさらさらないのに、「この車、あげるよ」とウソの申込みの意思表示をしました。それに対してBが「ありがとう。もらうね」と承諾をして、契約が成立してしまいました。

この場合、AとB、どっちを保護すべきでしょう。

自分でわかっていて嘘をついているAを保護する必要はありません。

一方、Bからしてみれば、「あげるといった以上、その責任を取れ」と思うところでしょう。そこで、**原則有効として処理をして所有権はBに移転させる**ことにしています。

　ただ、これが無効になる場合があります。

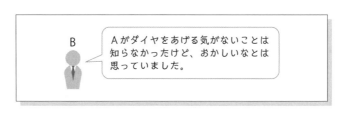

> B
> Aがダイヤをあげる気がないことは知らなかったけど、おかしいなとは思っていました。

　このBが、Aが「ダイヤをあげる気がない」ということについて、分かっていたか、気が付ける状態だった場合は無効です。
　一般的には、見ず知らずの人から「ダイヤあげるよ」なんて言われたら、そんな馬鹿なって思いますよね。その状態で「もらうよ」という方がおかしいです。この場合は、ウソをついたAを保護する必要もないし、「もらうよ」といったBも保護する必要はないため、**契約自体やった意味がないということで無効**にします。

　ここからの文章は、次の（2）虚偽表示を学習してから読むことをお勧めします

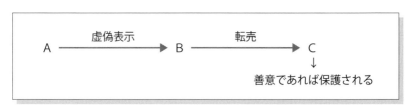

A ──虚偽表示──▶ B ──転売──▶ C
　　　　　　　　　　　　　　　　↓
　　　　　　　　　　　　　善意であれば保護される

　Aが売る気がないのに、嘘をついてBに売却しました。その後、Aが取り返そうかと思っていたら、BがCに転売していたのです。
　Aとしてみれば、取り返したいところですが、Cは自分のものになっていると信じている可能性が高いでしょう。

民法は、「善意の第三者に対抗することができない」と規定して

Cが善意・無過失

Cが善意・重過失

Cが善意・軽過失 のいずれの場合でも保護されることにしました（ここは、ＡＢが通謀虚偽表示だった場合と結論を同じにしています。嘘をついている点では共通するからです）。

問題を解いて確認しよう

| 1 | 心裡留保をした者は、すべての第三者に対して、無効を主張することができる。〔オリジナル〕 | × |
| 2 | Aは、真意では売却するつもりがないにもかかわらず自己所有の土地をAの真意につき悪意のBに売却し、Bは当該土地をAの真意につき善意・無過失のCに売却した。この場合、Aは、ＡB間の売買契約が無効であるとCに主張することができる。〔オリジナル〕 | × |

ヒトコト解説

1,2 善意の第三者には主張できません。

(2) 虚偽表示

94条（虚偽表示）
1 相手方と通じてした虚偽の意思表示は、無効とする。
2 前項の規定による意思表示の無効は、善意の第三者に対抗することができない。

ケース1
多重債務者Aが強制執行を免れるため、友人Bと通謀してA所有の土地をBに売ったことにして、登記名義もBに移転した。

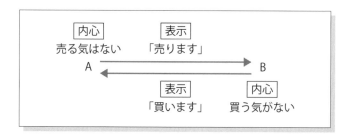

　Aが不動産を持っているのですが、自分名義にしていると強制執行がされそうでした。そこで、Bとつるんで、「Bが買ったことにしよう、ほとぼりが冷めたら返してくれ」、そんな内容で2人が合意をして、契約書まで作り上げたのです。

　Aは売る気がないのに売るといっているのでウソの意思表示ですし、またBも買う気なんてサラサラないのに、買うとウソの意思表示をしています。**通謀虚偽表示というのは、お互いがウソの意思表示をし合っている状態**をいいます。

　では考えてください。ＡＢは保護に値するのでしょうか。
　お互いがウソをついているので、両方とも保護の必要がありません。そのため、**契約をした意味がないことになるので、無効**と処理します。
　そのため、Aはほとぼりが冷めたら、

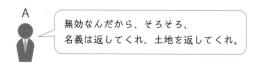

無効なんだから、そろそろ、
名義は返してくれ、土地を返してくれ。

なんてことがいえるのです。

　ただ、そこまでの間に、Bが裏切っていた場合、大変なことが起きます。

ケース2
ケース1のBが、自己名義の登記があるのをいいことに、ＡＢ間の通謀虚偽表示を全く知らないCに当該土地を売却した。

Bはほとぼりが冷めたら、Aに返す約束だったのに、裏切ってCに売りに行ったのです。

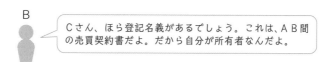

Cさん、ほら登記名義があるでしょう。これは、ＡＢ間の売買契約書だよ。だから自分が所有者なんだよ。

（虚偽をする人っていうのは、こういった登記とか契約書とか、そこまで完璧に作っておきます。）

それを見たCは信じてしまいました。

C「ＡＢ間に売買契約があって、Bが所有者なんだな」と信じたのです。

善意というのは、知らないこと、裏を返せば、信頼するということでした。Cが、ＡＢ間の売買が虚偽表示だと知らない＝ＡＢ間はちゃんとした売買だと信じたのです。

この場合の処理はどうなるでしょう。

所有権の流れを考えてみましょう。

Aが所有権を持っている

→ＡＢで通謀虚偽表示をする

→無効だから、AからBに所有権は動いていない

→だから、Bは所有権を持っていないので、Cに売れるわけがない

となるはずです（Aが所有者のままで、Cが泣き寝入りです）。

本当にそれでいいのでしょうか。もともとAは、強制執行から逃れたいから契約しています。つまり、**悪いことをしようとしたA、そして、ＡＢがやったことを信じたCという構図**です。

保護すべきなのはAではなくCですね。

このケースでは、**94条2項という条文が発動してCは保護されます**。具体的には**所有者はCとして処理する**ことになるのです。

このCみたいな人を94条2項の第三者と呼びます。本試験では、事例問題が出て、94条2項の第三者に当たって保護されるかどうかがよく問われます。

どういう人がこの94条2項の第三者になるかを考えましょう。

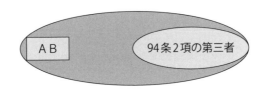

一般的に「第三者」の定義は、「契約をした人以外の人」となっています。そのため、今回通謀虚偽表示の契約をしたのは、ＡＢの2人なので、ＡＢ以外の方が第三者になるのです。

ただこれでは、**関係ない人が多く含まれてしまいます。**

例えばＡＢ以外の人といえば、ブラジルにいるぺぺさんとかも、この第三者に当たりますが、ぺぺさん、このＡＢの売買となんの関係もありません。この人を保護する必要なんてどこにもないのです。

そこで、**条文上は第三者としていますが、第三者の範囲に絞りをかけること**にしました。「無関係者を除くために、絞りをかけている」、これが94条2項の第三者の特徴です。

ではどういった基準で絞りをかけているのかを見ましょう。それが以下の①②の基準です（これは覚えましょう）。

 覚えましょう

虚偽表示が有効だと信頼して、
①新たに、
②法律上の利害関係
を有するに至った第三者

①の**新たにというのは、「虚偽表示の後に」と考えてください。**

虚偽表示の前からいた人は保護しません。虚偽表示があってから、登場した人を保護します。

②**法律上の利害関係というのは、法的権利を持つということ**です。虚偽目的物（今回の対象物）に法的権利を持っている人、そういう人が保護対象になります。

ではこの基準を使って、本試験で出題のあった事例を処理してみましょう。
（この先の事例は、ABが虚偽表示をしています。Cが保護されるのかを見ていってください。）

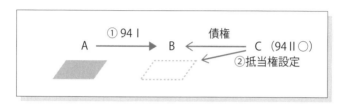

AからBに通謀虚偽表示をしました。Bのものだと思って、Cがお金を貸して、抵当権を設定しました。

このCは、虚偽表示の後に登場しています。また虚偽目的物の土地に抵当権を設定しています。要件をクリアするので、このCは保護される94条2項の第三者になり、Cは抵当権を取得することができます。

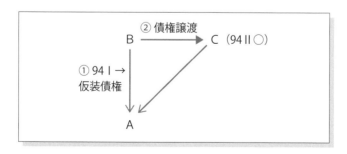

BからAに仮装債権という矢印があります。

今までは売買をでっち上げた場合でしたが、今回は借金をでっち上げたという場合です。この後、BがCにこの債権を売ってしまいました。

このＣは、虚偽表示の後に登場しています。また虚偽の目的物の債権を持とうとしています。だから要件をクリアするので保護します。ＣはＡに対して債権の履行を請求できます。

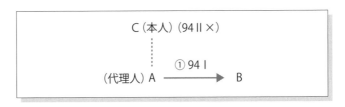

ＣがＡを代理人にしました。そしたら、ＡがＢと仮装売買をでっち上げました。

ＣがＢに請求したところ、これが仮装と発覚しました。このＣはどうでしょうか。

これは、「新たに」の要件を満たしません。

虚偽表示の前に、ＣはＡを代理人として選んでいます。虚偽表示の後に利害に入ったわけではないので、このＣは保護対象ではありません。

そのため、ＡＢ間の虚偽表示は無効だからＣに効果帰属はしないため、ＣはＢに請求できないという処理になります。

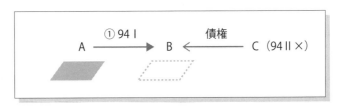

ＡとＢが土地の仮装売買をしました。このＢに対してお金を貸しているＣがいます。

このＣが、Ｂが不動産を手に入れたので強制執行しよう、差押えをしようと思って手続をとろうとしたら、ＡＢ間の売買が仮装だということが判明しました。

この場合のＣはどうかというと、保護対象ではありません。

Ｃは、この「土地」に、法的権利を持っていません。法的権利を持った後に虚偽表示が発覚したのであれば、保護しますが、法的権利を持つ前に発覚してしま

ったので、Cは、保護対象になりません。

　だから結局は甲土地のＡＢ間の売買が無効なので、土地の所有権者はＡになるため、ＣはＢの土地だからといって強制執行しようと思っても、空振りで終わることになります。

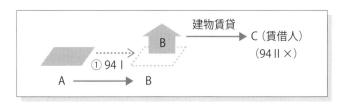

　Ａの更地をＢに仮装譲渡しています。Ｂがそこに家を建て、Ｃに貸しています（土地の仮装譲渡→アパートを建てる→アパートを貸す、こういう流れです）。

　ここでＡがＣに対し、「ＡＢは通謀虚偽表示で無効だから、君は不法占拠者だ、出て行け！」と言ってきました。では、このＣは94条2項の第三者に当たり保護されるでしょうか。

　今回のＣは保護される人にはなりません。
　このＣが、法的権利を持っているのは建物です。今回の虚偽目的物は、土地なのです。
　土地を借りていたのであれば、Ｃは虚偽目的物に権利を持ったということで保護に値しますが、**土地には権利を持っていないので、このＣは保護対象にならない**のです。
　そのため、Ｃはこの建物から追い出されてしまうのです。学説上相当批判が強いところですが、屁理屈だとこうなるので、諦めてください。

〈その①〉

1　AとBとが通謀して、A所有の土地をBに売却したかのように仮装したところ、Aは、売買代金債権を善意のCに譲渡した。Bは、土地の売買契約が無効であるとして、Cからの代金支払請求を拒むことはできない。〔15-5-4（14-17-ア）〕　　　　　　　　　　　　　　　　○

2　A所有の土地について売買契約を締結したAとBとが通謀してその代金の弁済としてBがCに対して有する金銭債権をAに譲渡したかのように仮装した。Aの一般債権者であるDがAに帰属するものと信じて当該金銭債権の差押えをした場合、Bは、Dに対し、当該金銭債権の譲渡が無効であることを主張することはできない。　　　　　　　　　○

〔15-5-5（19-7-オ、27-5-ウ）〕

〈その②〉

Aは、Bと協議の上、譲渡の意思がないにもかかわらず、その所有する甲土地をBに売り渡す旨の仮装の売買契約を締結した。

3　Bに対して金銭債権を有する債権者Cが、A・B間の協議の内容を知らずに、その債権を保全するため、Bに代位して、Bへの所有権移転登記をAに請求した。この場合、Cに対してAによる売買契約の無効の主張が認められる。〔11-3-ア改題〕　　　　　　　　　　　　　　　○

4　Bに対して金銭債権を有する債権者Eが、A・B間の協議の内容を知らずに、その債権に基づき、甲土地を差し押さえた。この場合、Eに対するAによる売買契約の無効の主張が認められる。　　　　　　　×

〔11-3-ウ改題（19-7-エ）〕

5　Bは、甲土地上に乙建物を建築し、A・B間の協議の内容を知らないDに乙建物を賃貸した。この場合、Dに対するAによる売買契約の無効の主張が認められる。〔11-3-イ改題（15-5-1）〕　　　　　　　　○

─────────　×肢のヒトコト解説　─────────

4　差押えがあることにより、Eは法的利害関係を持っています。そのため、Eは94条2項の第三者にあたります。

□ AからBへの債権につき、AがCに仮装譲渡をした場合、Bは94条2項の第三者に該当しない。そのため、AはBに対して債権譲渡は無効であることを主張することができる（大判昭8.6.16）。〔24-4-エ〕

> ★単に債務者である地位を保有するにすぎない者は、「新たな」利害関係を持っていないため94条2項の第三者には該当しませんが、弁済をすることによって、「新たな」利害を持つことになります。

□ Aから土地を賃借したBがその土地上に甲建物を建築し、その所有権の保存の登記がされた後に、甲建物についてBC間の仮装の売買契約に基づきBからCへの所有権の移転の登記がされた場合において、BC間の売買契約が仮装のものであることを知らなかったAが賃借権の無断譲渡を理由としてAB間の土地賃貸借契約を解除する旨の意思表示をしたときは、Bは、Aに対し、BC間の売買契約は無効であり、賃借権の無断譲渡には当たらない旨を主張することができる。〔27-5-オ〕

> ★虚偽表示をしたのは「甲建物」の売買であり、Aは甲建物に法的利害関係を持っていないため（Aは土地の所有者にすぎません）、94条2項の第三者になりません。そのため、BはBCの売買は無効であること（無断譲渡ではないこと）を主張できます。

□ A所有の甲建物について、AB間の仮装の売買予約に基づきBを仮登記の登記権利者とする所有権移転請求権保全の仮登記がされた後、BがAに無断で当該仮登記に基づく本登記をした場合において、その後にBから甲建物を譲り受けたCが、その当時、当該本登記が真実に合致したものであると信じ、かつ、そのように信じたことについて過失がなかったときは、Cは、Aに対し、甲建物の所有権を主張することができる。（最判昭43.10.17）。〔27-5-エ〕

> ★Aには仮登記をすることについて落ち度があります。ただ、Bが勝手に行った本登記には落ち度がありません。そこで第三者の保護要件を「善意」だけでなく、「善意無過失」まで要求しました。

①②、どちらの丁も所有権を取得できます。結局、**一旦でも善意者が出れば、そこで所有権を取って、法律関係は決まり**としているようです。

一見②の丁なんて保護しなくていいのではと思うところですが、この丁を保護しないと、丙に酷です。**売る相手が悪意だったら所有権が取得できない（つまり売れない）**としたら、丙が売れる相手が限定されてしまうからです。

第三者として保護されるために善意の他に
① 無過失が要求されるか　→　不要
② 登記は必要か　　　　　→　不要

条文を確認してみてください。

どういう人を保護するかについては、**条文では「善意の第三者」としか書いていない**ので、善意＋無過失は要求しないし、善意＋登記も要求していないということになります。

ただ、**登記を要求している事例**もあります。次の図を見てください。

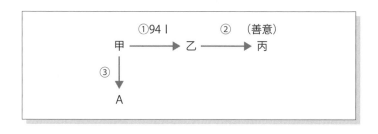

甲から乙に通謀虚偽表示して、乙が丙に売ったところ、丙が善意でした。

ここで終わるんだったら、丙は登記なくして所有権取得ができます。今回、甲が、下のAに売っています。こうなると話が変わってきます。

図の中、乙を指でふさいでください。

これは、**甲から丙・甲からAの二重譲渡になる**のです。そのため、判例はこの事案を対抗関係、つまり登記をしなければ、主張ができない関係だとしました。

一般的には通謀虚偽表示では登記は要りません。ただ、こういった事案になると、登記が必要になると思ってください。

問題を解いて確認しよう

1	土地が甲から乙へ、乙から丙へと順次売買された。甲乙間の売買契約が甲乙の通謀による仮装のものである場合には、丙は、たとえ善意であっても、所有権移転の登記を受けていない以上、甲に対してその土地の所有権を主張することができない。〔57-19-4（19-7-ア）〕	×
2	AがBと通謀して、A所有の甲土地をBに売り渡す仮装の売買契約を締結した後、AからBへ所有権移転登記がされた場合において、BがAB間の仮装売買の事実につき善意のCに甲土地を売却したが、Aも甲土地をDに譲渡していたときは、Cは登記を備えていなくても、Dに対して甲土地の所有権を主張することができる。〔オリジナル〕	×
3	AがBと通謀して、A所有の甲土地をBに売り渡す仮装の売買契約を締結した後、Cが当該仮装売買の事実を知らずに、Bから甲土地を譲り受け、更にDがAB間の仮装売買の事実を知った上で、Cから甲土地を譲り受けた場合、Aは、Dに対し、AB間の売買契約が無効であることを主張することができる。〔11-3-オ改題〕	×

ヒトコト解説

1 登記がなくても、94条2項の第三者として保護されます。

2 CとDは対抗関係に立ちます。

3 Cが善意なので、その時点で法律関係が決まります。

(3) 錯誤

> **95条（錯誤）**
> 1 意思表示は、次に掲げる錯誤に基づくものであって、その錯誤が法律行為の目的及び取引上の社会通念に照らして重要なものであるときは、取り消すことができる。
> （以下省略）

> 本当は自動車を売ろうと考えていたのに、間違えて売買の契約書ではなく贈与の契約書にサインしてしまった。

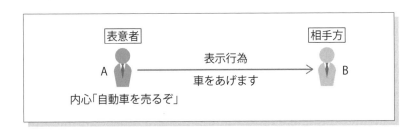

Aは売るつもりだったのですが、相手方Bに契約書を通じて伝わったのが、「あげる意思」だったのです。勘違いをして伝わっています。

この「あげます」という意思表示を錯誤に基づく意思表示と呼びます（**錯誤と出てきたら、誤解・勘違いと翻訳してください**）。

この意思表示は取り消すことができます。

> 新幹線が通るので地価が上昇するという風評を信じて、甲土地を買おうと思い（＝効果意思）、甲土地を買いたいと申し出た（＝表示行為）。
> 実は、新幹線が通るのはウソだと後日判明した。

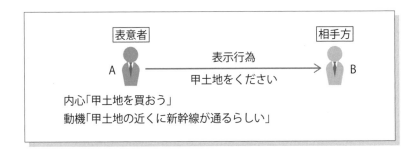

これも勘違いにはなっていますが、先ほどとは異なり、相手に伝わった「甲土地をください」という部分は問題はありません。この意思表示をするきっかけとなった動機部分に勘違い・誤解があったのです。**こういった錯誤を「動機の錯誤」と呼びます。**

　これも取り消すことはできるのですが、ハードルがかけられています。

95条（錯誤）
　2　その事情が法律行為の基礎とされていることが表示されていたときに限り、取り消すことができる。

　動機部分は、相手には絶対分かりません。そんなことを理由にされたら、

と思うでしょう。

　動機は相手には分からないため、簡単には取消しをさせるべきではないのです。

　だったら、相手に伝わっていれば、取消主張ができそうですよね。
　つまり、意思表示の段階で、

と言っていたような場合です。
　この場合、**契約相手は、**

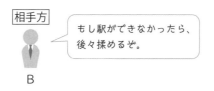

ということを覚悟できます。

　このように「気付けないから取消しができない」のであれば、あらかじめ「それを伝えていれば、取消しができる」ということになるのです。

　本試験では動機の伝え方も出題されています。

　動機の部分をはっきり伝えるだけでなく、**行動・態度で暗に示している場合でも（こういうのを黙示といいます）、向こうに伝わっていれば、取り消すことは可能**です。

　今までの要件をクリアしても、取消主張ができない場合があります。それは、**意思表示をした人に思いっきり不注意があった場合**です。

　「それぐらい気付けよ」といった不注意があった場合は、いくら勘違いがあっても取消主張ができません（過失の中でも、かなり重い不注意をしているケースを重過失と呼びます）。

　このような場合は、**表意者の保護の要請が落ちるため、取消しを認めません。**

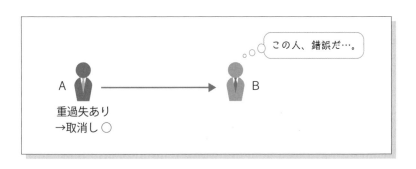

　Aが錯誤に基づく意思表示をしましたが、Aには重過失がありました。Aを保護する必要はないでしょう。

ただ、相手のBはそれに気づいていました。

気づいていたのなら、契約しなければいいのに契約したのです。

このBも保護に値しません。

錯誤の意思表示をした者に重過失があれば、取消主張ができないのが基本ですが、**相手が悪意（又は重過失）の場合には、取消主張が認められます。**

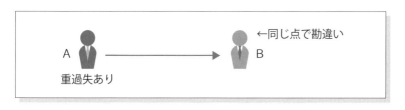

Aが意思表示をしましたが、それにはAの重過失がありました。Aを保護する必要はないでしょう。

ただ、相手も同じ点で勘違いを起こしています。

この場合、契約を有効のまま維持する必要はありません。

そこで、**お互い同じ点で錯誤になっている場合には取消しができるとしました。**

以上を、まとめると下の図のようになります。これで、整理をしておきましょう。

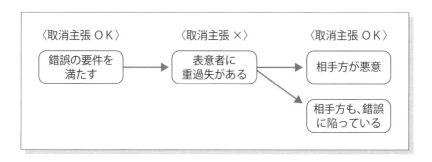

95条（錯誤）
4　第1項の規定による意思表示の取消しは、善意でかつ過失がない第三者に対抗することができない。

　Aが勘違いでBに売ってしまった後、BがCに転売したのですが、このCはA Bの錯誤に気付いていませんでした。Cは保護されるのでしょうか。

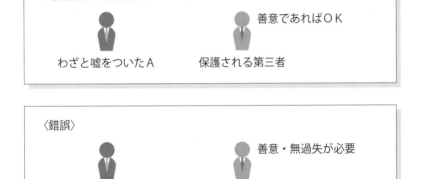

　民法は、Aの悪さ加減と第三者の保護される要件を連動させています。
Aの悪さ加減が酷ければ、第三者の保護要件が緩くなり、
Aの悪さ加減が低ければ、第三者の保護要件を厳しくしているのです。

　94条2項と95条を見比べてください。94条には2項という第三者保護規定があり、善意であれば保護します。
　一方、**95条では、保護されるためには善意・無過失まで要求します。**
　第三者の保護されるハードルが高い、というのは本人（A）をそれだけ守ってあげたいということです。
　通謀虚偽表示というやるべきでないことをやった場合と、勘違いをしたケースでAが保護されるためのハードルの高さを変えているのです。

1　Aは、A所有の宝石をBに売り渡す契約を締結したが、重大な過失により錯誤に陥っていた場合において、Aが錯誤に陥っていることをBが知っていたときは、Aは売買契約の取消しを主張することができる。〔オリジナル〕　　〇

2　動機の表示は黙示的にされたのでは不十分であり、明示的にされ、意思表示の内容となった場合に初めて取り消すことが可能になる。〔23-5-エ改題〕　　×

3　相手方が表意者と同一の錯誤に陥っていたときは、表意者は、表意者自身に重大な過失があったときであっても、錯誤による意思表示の取消しをすることができる。〔オリジナル〕　　〇

4　Aは、A所有の宝石をBに売り渡す契約を締結したが、重大な過失により錯誤に陥っていた場合において、Aが錯誤に陥っていることをBが知っていたときは、Aは売買契約の取消しを主張することができる。〔オリジナル、30-4-エ類似〕　　〇

5　AのBに対する意思表示が、法律行為の基礎とした事情についてのその認識が真実に反する錯誤によるものであり、それが法律行為の目的及び取引上の社会通念に照らして重要なものである場合には、Aは、その事情が法律行為の基礎とされていることが表示されていたときでなければ、錯誤を理由としてその意思表示を取り消すことができない。〔令3-5-イ〕　　〇

───✕肢のヒトコト解説───

2　黙示でも取消しが可能です。

☐ 家屋の賃貸人が自ら使用する必要があるという事由で申し立てた家屋明渡しの調停が成立し、後にその事由がないことが明らかになったが、賃貸人が家屋を必要とする事情が調停の合意の内容となっていない以上、調停に要素の錯誤があるとはいえない（最判昭28.5.7）。〔17-4-エ〕

★「建物所有者が使いたいから出ていってほしい」という内容ですが、「建物所有者が使いたい」という動機部分が調停に表示されていないため、錯誤の取消しを認めなかった判例です。

(4) 詐欺

96条（詐欺又は強迫）
　詐欺又は強迫による意思表示は、取り消すことができる。

　騙して売らせる、騙して買わせるような場合を想定しています。この場合は、**契約は有効だけど、取り消すことができる**としています。

　騙された契約内容が嫌であれば取り消して無効にすればいいですし、騙されたけれどその契約内容を気に入ったのであれば、そのまま履行をすればいいことになります。

96条（詐欺又は強迫）
2　相手方に対する意思表示について第三者が詐欺を行った場合においては、相手方がその事実を知り、又は知ることができたときに限り、その意思表示を取り消すことができる。

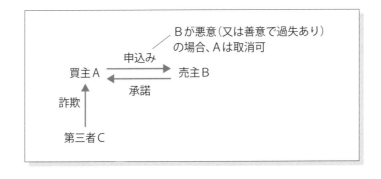

　ＡＢ間の売買で詐欺があった場合、通常はＢがＡを騙す（又はＡがＢを騙す）なんですが、上の事例は、契約当事者でないＣが騙していました。「Ｂの商品はすごい効き目があるよ」そんな感じで、ＡＢ以外の人が騙していました（こういうのを第三者詐欺といいます）。

　この後、ＡがＢに対し、「悪い、Ｃに騙されたから取り消すぞ」と言ってきたらＢはなんと思うでしょう。

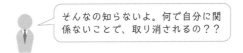

そんなの知らないよ。何で自分に関係ないことで、取り消されるの？？

　多分こんな不満を持ちますよね。

　そこで、**他人に騙されている場合は、原則、取消しができないことにしています**。

　ただ、契約時にＢが「このＡ、Ｃに騙されているぞ」と気付いていた場合は話が変わります。この場合、**Ｂは契約すべきではなかったのに契約しているため、Ｂの保護の要請は落ちます**。

　また、**Ｂが悪意ということは、Ｃとつるんでいる可能性が高い**です。そういったところでも、Ｂの保護の要請は落ちます。

　そして、**Ｂが悪意の場合だけでなく、「知らなかったけど、気づけただろう」という状態でもＢの保護は必要ないため、Ａの取消しが認められます**。

96条（詐欺又は強迫）
3　前2項の規定による詐欺による意思表示の取消しは、善意でかつ過失がない第三者に対抗することができない。

　甲が乙に売った後、乙が丙に売りました。

　この後、甲が、「乙さんに騙されたので取り消します」と、取消しの意思を出しました。

　今回の丙さんは、取り消す前に登場しています。こういう丙のことを**取消前の第三者**と呼びます。

　この場合、どのような権利関係の流れになるでしょう。

　取り消す前の所有権は、甲から乙に移り、その後乙から丙に移ります。

　そして、取り消した場合には、この取消しにも遡及効があるため、

　契約を取り消す

　→　初めから売買契約はなかった

　→　初めから所有権は移転していなかった

　→　乙丙で売買しても、丙は所有権を持たない

となるはずです。

ある意味、取り消されることによって、**丙は、今まで持っていた所有権を奪われる状態**になります。これは**丙にとってみれば酷**です。

そこで96条3項は、もし、丙が甲乙間の詐欺に気付いていなければ、詐欺の取消しは丙に主張できないとしました。

つまり、**丙が詐欺に気付かず、そして落ち度がなければ、所有者は丙として、丙の保護を図る**ようにしたのです。

気を付けてほしいのは、この**丙が善意かつ無過失の場合、所有者は丙になりますが、甲は取り消すことが可能**です。取消しは可能だけど、所有権が返ってこないということです。

それなら、取り消す実益はないんじゃないかと思うところですが、取り消すことによって、甲は乙に対し、「売買契約がなかったのだから、土地を返せ。返せないのなら、お金で払え」と不当利得返還請求ができます。不当利得関係をもたらすために、取り消すのです。

丙が出てくるタイミングをよく見てください。
今回、丙が出てくるタイミングは取り消した後です。

取り消した後に出てきているので、こういう丙を取消後の第三者と呼びます。
96条3項を使いたいところですが、これが使えません。

96条3項は、所有権を持っていた人が所有権を失うのは酷であろうということで作った条文です。今回の丙はこれにあたりません。

第3編　民法　総則　◆　第5章　意思表示

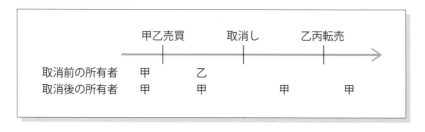

上記のとおり、丙は一度も所有権を取得していなかったことになるのです。

この条文が想定していない事例について、判例はどのように処理をするのでしょうか。

次の図を見てください。

甲から乙に売ったところで、乙に所有権が行く

→　取り消すことによって、所有権が乙から甲に戻る

→　ただ、甲が登記するまでは不完全にしか戻らない

→　乙にも所有権が残っている

→　乙が丙に転売して、不完全な所有権が丙に移る

→　**乙を軸にした二重譲渡になっている**

→　**甲と丙は対抗関係になり、先に登記した方が勝ち**

と処理します。

◆ 第三者が保護される要件の比較 ◆

	根拠	丙の善意・無過失	登記
取消前	96条3項	必要	不要
取消後	177条	不要	必要

　取り消す前であれば、96条3項の場面だからこれを使い、丙は善意かつ無過失なら保護されますが、丙の登記は不要です（若干、争いがあります）。

　一方、取消後については条文がないため、判例は177条に似ていると考えて、「丙には登記が必要、ただ、善意でなくても保護する」としました（177条で保護されるには、丙の善意・無過失はいりません。これはまた後に説明します）。

　本試験の問題をみるときは、取消し前に第三者が登場しているのか、取消し後に登場しているのかをしっかり見極めてください。

(5) 強迫

　脅して、売り買いしたという話です。

96条（詐欺又は強迫）
1　詐欺又は強迫による意思表示は、取り消すことができる。
2　相手方に対する意思表示について第三者が詐欺を行った場合においては、相手方がその事実を知り、又は知ることができたときに限り、その意思表示を取り消すことができる。
3　前2項の規定による詐欺による意思表示の取消しは、善意でかつ過失がない第三者に対抗することができない。

　1項を見てください。詐欺と同じように有効だけど、取り消すことができるという処理になります。

　2項と3項、もう1回見てください。
　1項では、「詐欺又は強迫」と言っておいて、**2項と3項は、詐欺しか載っていません。**

　強迫については96条1項しかないのです。そのため、取り消すことができる、のみで処理します。
　そのため、第三者が強迫をしたとしても、取り消すことができるし、善意の第三者がいたとしても問題なく取り消して対抗できることになります。
　それだけ脅された人を保護しようとしているのです。

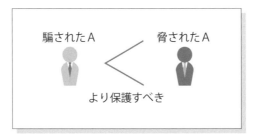

騙された人はもちろんかわいそうですが、**騙されたということについて落ち度があります。**

一方、脅された人は、落ち度が低いため、そこで騙された人よりも保護を手厚くして、第三者に脅された場合でも、第三者がいたとしても、脅された方を保護しようとしているのです。

問題を解いて確認しよう

1　AがBからC社製造の甲薬品を購入した場合において、AがC社の従業員から甲薬品はガンの予防に抜群の効果があるとの虚偽の説明を受け、これを信じて甲薬品を購入した場合、Bがその事情を知り得なかったときでも、Aは、Bとの間の売買契約を取り消すことができる。　　　　　　　　　　　　　　　　　　　〔13-1-ウ（7-7-エ、18-6-オ）〕　　×

2　AがBの詐欺により、Bとの間で、A所有の甲土地を売り渡す契約を締結した。Aは、詐欺の事実に気付いて売買契約の意思表示を取り消した場合において、Bへの所有権移転登記を経由していたときは、Bが第三者に転売した後であっても、Bに対し、その登記の抹消を請求することができる。〔10-4-4〕　　○

3　相手方の欺罔行為により錯誤に陥って贈与の意思表示をした者は、その相手方が贈与を受けた物を善意かつ無過失の第三者に譲渡した後であっても、その意思表示を取り消すことができる。　　　　　　　　　　　　　　　　　　　　〔59-2-2改題（18-6-エ）〕　　○

4　Aはその所有の土地をBに売却し、所有権移転登記後に、Bの詐欺を理由として売却の意思表示を取り消したにもかかわらず、Bがその土地をCに転売し、その所有権移転登記をした場合でも、Aは土地の所有権をCに主張することができる。　　　　　　　　　　〔4-15-ア（10-14-ア、17-8-ア、18-6-イ）〕　　×

5 甲が土地を乙に強迫されて譲渡し、更に乙が事情を知らない丙に転売 ○
し、それぞれ所有権移転登記を経由した場合、甲は、乙に取消しの意
思表示をすれば、丙に対し、その登記の抹消を請求することができる。
〔3-8-ウ（12-3-5）〕

───(×肢のヒトコト解説)───

1 第三者詐欺の事例になっています。相手のBが詐欺を知らないため、取り消
すことができません。

4 取消し後に第三者が登場して登記をしています。そのため、第三者の勝ちに
なります。

2周目はここまで押さえよう

詐　欺　　　　　　　　　　　取消し

96条3項　　　　　　　177条

　第三者の登場時期によって、適用を受ける条文（保護されるための要件）
が異なります。

　詐欺による取引の後、取消前であれば、96条3項の適用を受けるので
「善意・無過失」があれば保護されます。

　一方、詐欺取消後に登場したのであれば、177条の適用を受けるので「登
記」「引渡し」があれば保護されます。

　では、下記の事例を見てください。第三者はいつ登場しているでしょう。

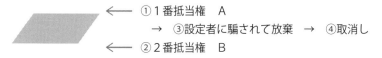

←── ①1番抵当権　A
　　　→　③設定者に騙されて放棄　→　④取消し
←── ②2番抵当権　B

　1番抵当権、2番抵当権がある状態で、1番抵当権者が設定者にだまされ
て、抵当権を放棄してしまいました。

後日、詐欺だとわかったＡは放棄を取り消して、抵当権を復活させようとしたところ、

　Ｂ「せっかく、配当順があがったんだ。Ａの復活は認めないぞ」とごねています。

　ここでＢは保護されるのでしょうか。

　結論はＮＯです。

　Ｂが登場したのは、Ａの詐欺による放棄の「前」になっています。上記の図のどこにもあたらないのです。

　このように詐欺の前に登場したものは、どの条文でも保護されないことを押さえておきましょう。

✓ 1　第３順位の抵当権者の欺罔行為により第１順位の抵当権者
　　　が錯誤に陥って、その抵当権を放棄する旨の意思表示をし
　　　たときには、第２順位の抵当権者が善意無過失であったと
　　　しても、第１順位の抵当権者は、その意思表示の取消しを
　　　もって第２順位の抵当権者に対抗することができる。
　　　　　　　　　　　　　　　　　　　〔59-2-5（18-6-ア）〕

〇

◆ 意思表示のまとめ ◆

	効果		第三者保護規定
	原則	例外	
心裡留保 (93)	意思表示は有効	相手方が表意者に効果意思のないこと（真意）について悪意又は善意・有過失である場合は無効	善意の第三者に対抗できない
虚偽表示 (94)	意思表示は無効		善意の第三者に対抗できない
錯誤 (95)	意思表示は取り消すことができる	表示者に重過失があるときは取り消すことができない(注)	善意でかつ過失がない第三者に対抗できない
詐欺 (96 I〜III)	意思表示は取り消すことができる	第三者の詐欺による意思表示は、 ・相手方が悪意であるとき ・相手方が善意・有過失であるとき に限り取り消すことができる	善意でかつ過失がない第三者に対抗できない
強迫 (96 I)	意思表示は取り消すことができる		なし

(注) 次に掲げる場合は、重過失があっても取り消すことができる。
　　①相手方が表意者に錯誤があることを知り、又は重大な過失によって知らなかったとき。
　　②相手方が表意者と同一の錯誤に陥っていたとき。

これで到達！　合格ゾーン

☐　AがBからC社製造の甲薬品を購入した場合において、BがC社の従業員から甲薬品はガンの予防に抜群の効果があるとの虚偽の説明を受け、これを信じてAに同様の説明をし、Aもこれを信じて甲薬品を購入した場合でも、Aは、Bとの間の売買契約を取り消すことができない。〔13-1-イ（23-5-ア）〕

　　★「相手方を欺いて勘違いをさせよう」という故意がなければ詐欺取消は認められません（大判大11.2.6）。上記のBには、この故意が認められません。

□ Aは、Bから彫刻甲を著名な彫刻家Cの真作であると信じて購入したが、実際には、甲は、Cの真作ではなかった。Bは、甲がCの真作ではないことを知っており、また、AがCの真作であると信じて購入することも認識していたが、甲がCの真作ではないことをAに告げずに売った場合、詐欺による取消しが認められる場合がある。〔23-5-イ〕

★沈黙をしていても、それによって相手方が錯誤に陥った場合、事情によっては詐欺となりえます（東京地判昭53.10.16）。

第2節　意思表示の到達と受領

　ここは**手紙で意思表示をした場合**でイメージしましょう。手紙で取消しの意思表示をする、手紙で申込みの意思表示をする、そんな場面の話だと思ってください。

表示（書面の作成）　→　発信（投函）　→　到達（配達）　→　了知（読了）

　ここには手紙を送った時の流れが載っています。
　手紙を作る、次に手紙を投函する、届く、そして向こうが読む、これが手紙の意思表示の流れです。
　では、この流れのうち、手紙の意思表示の効力が生じるのはいつでしょうか。

97条（意思表示の効力発生時期等）
　意思表示は、その通知が相手方に到達した時からその効力を生ずる。

手紙の意思表示は、届いた時に効力が生じます。
　相手が読んだ時ではありません。
　例えば、手紙で取消しの意思表示を作り向こうに送る、向こうには届いたけど、相手は「取消しの手紙だろうから読まないでおこう」と思って読んでいない。

ここで、相手から「読んでないから、取消しになっていないんだ」と言ってき
ても、そんな言い分は通りません。

97条（意思表示の効力発生時期等）
3　意思表示は、表意者が通知を発した後に死亡し、意思能力を喪失し、又は行為能
　力の制限を受けたときであっても、そのためにその効力を妨げられない。

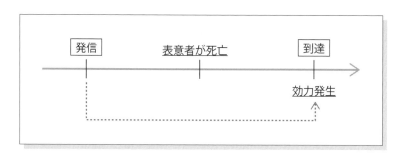

　取り消すという手紙を書いた後、届く前に死んでしまいました。ただ、手紙が
相手方に届けば効力が生じます。
　別に当たり前のことを言っているだけです。**投函した後、死んでも影響ないよ**
というだけです。

問題を解いて確認しよう

1	Aに対する意思表示が記載された書面がAの事務所兼自宅に発送され、その書面が配達された時にAが買物に出掛けていて不在であっても、Aと同居している内縁の妻Bが受領した場合、意思表示の効力は生ずる。〔オリジナル〕	○
2	甲がその所有にかかる土地を乙に騙されて売り渡し、その後契約を取り消す旨の手紙を出したが、その到達前に甲が死亡した場合、取消しの効果は生じない。〔3-8-エ（24-4-オ）〕	×

- - - ✕肢のヒトコト解説 - - -

2　手紙を発信した後に死亡しても、意思表示の効果に影響はありません。

☐ 法人に対する意思表示を当該法人の使用人が受けた場合には、当該使用人が当該法人から当該意思表示の受領権限を与えられていなくても、当該意思表示の効力が生じる（最判昭36.4.20）。〔24-4-ウ〕

★勢力範囲に入れば到達したと扱うのが判例です。法人にとって、使用人（従業員のことです）が受け取れば、自分の勢力範囲に入ったと扱うことができます。

☐ 公示による意思表示は、最後に官報に掲載した日又はその掲載に代わる掲示を始めた日から２週間を経過したときに相手方に到達したものとみなす（98Ⅲ）。〔24-4-ア〕

★相手の勢力範囲に入れば到達なのですが、「相手方を知ることができなかったり、相手の所在を知ることができない」場合には、公示送達という方法が取れます（官報に掲載したり、裁判所に掲示することで到達にするという制度です）。これは、掲示した日に効力がでるのではなくそれらを始めた日から２週間を経過した時にやっと到達扱いをされます。

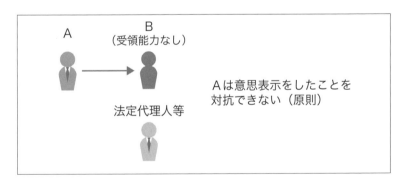

　意思を受け取る高度な能力のことを受領能力といいます。この**受領能力は未成年者・成年被後見人には認められていません**。

　上の図をみてください。Ａが取消しの意思表示をＢにしたところ、そのＢは未成年者で受領能力がない人でした。この状態では、Ａは「取消しの意思表示をし

ているはずだ」とB側に対抗することができません。

（**Bの法定代理人にすべきだった**からです。）

ただ、**法定代理人が「Bに取消しの意思表示がされているぞ」と気づいた場合**は、もう問題はありません。

また、**「Bが行為能力者になって」、Bが「取消しの意思表示に気づいた場合」**にも、大丈夫ですね。

そのため、前記のような事情があれば、AはBに対抗できることにしています。

◆ 98条の2の構造 ◆

要件	意思表示の相手方がその意思表示を受けた時に、 ①　意思能力を有しなかったとき ②　未成年者若しくは成年被後見人であったときは	
効果	その意思表示をもってその相手方に対抗することができない。	
例外	①　相手方の法定代理人 ②　意思能力を回復し、又は行為能力者となった相手方	がその意思表示を知った後

98条の2（意思表示の受領能力）
　意思表示の相手方がその意思表示を受けた時に意思能力を有しなかったとき又は未成年者若しくは成年被後見人であったときは、その意思表示をもってその相手方に対抗することができない。ただし、次に掲げる者がその意思表示を知った後は、この限りでない。
　①　相手方の法定代理人
　②　意思能力を回復し、又は行為能力者となった相手方

問題を解いて確認しよう

1　未成年者甲の法定代理人乙から甲において土地を買い受ける旨の申込みを受けた丙が、土地を売り渡す旨の意思表示を直接甲にしたときは、契約の成立を主張することができない。〔3-8-オ〕　　○

2　意思表示の相手方が当該意思表示を受けた時に未成年者であった場合でも、その法定代理人が当該意思表示を知った後は、表意者は、当該意思表示をもってその相手方に対抗することができる。〔24-4-イ〕　　○

第6章 無効と取消し

ここでは、取消しと無効の比較をしていきます。
ここだけで出題されるというよりは、制限能力者の
制度と絡めて出題されることが多い分野です。

　まずは概念の比較をしましょう。下の図は、未成年者のＡが勝手に売買契約を
して、後日取り消されたという流れを示しています。

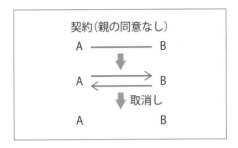

　未成年者が売買契約をした場合、これは有効なので、お互いに債権債務が発生
します。ここで取り消すという意思表示をすると、ＡＢ間の契約の効力がなくな
ります。
　有効だったものを、意思表示をして無にする、これが取消しです。

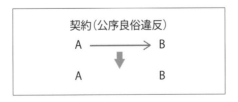

　ＡＢ間で売買契約をしましたが、これが公序良俗に反していました。この場合
は、すぐに無効です。全く何も生じません。
　取消しというのは有効な状態から取消権が発生して、それを使って無効にする。

無効というのは初めから何も生じない状態をいいます。

この辺りを表で比較していきましょう。

 覚えましょう

	取消し	無効
主張の要否	取消権者の取消しがあってはじめて効力を失う(120)	当然に効力なし
追認	追認により確定的に有効となる(122)	追認によっても効力を生じない(119)
主張可能期間制限の有無	あり(126)	なし

まずは左側の取消しを見ていきます。

主張の要否

これは取り消すという意思表示をして初めて無効になります。言わなければ、有効のままです。

追認

追認すると取消権を捨てることになります。つまり、有効だけど取消しができる状態から取消権を捨てることにより、有効で確定するのです。

主張可能期間制限の有無

取り消すことができるということは、契約関係がどっちに転ぶか分からないという状態です。**権利関係が不安定な状態が続くのはよくない**ので、取消しができる期間には制限を設けています。

この期間を過ぎてしまうと、騙されてした売買でも、未成年者がした売買でも、取り消すことができなくなります。

次は無効を見てみましょう。

主張の要否

契約時点でも何も効力が生じていないので、主張する必要はありません。

追認

追認というのは取消権を捨てることです。

無効のときは取消権なんてありません、というか要りませんよね。

だから無効については、追認することが理論上無理なのです。

主張可能期間制限の有無

無効というのは初めから何も起きていません。

そのため取消しのように権利関係を変動するという話にはならないので、いつまでたっても、無効の主張が認められるのです。

ここで比較は終わりにして、最後に取消しと無効がかぶる場面を見ましょう。

☝Point

制限行為能力者が意思無能力の状態でした行為

二重効肯定

→　表意者は無効又は取消しを選択できる（通説）。

例えば、3歳児が意思表示をしてきた場合で考えてみましょう。

3歳児は、未成年者なので、有効だけど取消しができます。

一方、3歳といえば、意思無能力でもあるため無効な状態です。

この場合、無効でも取消しでも、好きな方が選べるのです。こういうのを取消し・無効の二重効と呼びます。

第1節　無効

これから無効と取消しを少し細かく見ていきます。まずは、無効の効果を確認しましょう。

---

① 無効な行為に基づいて発生するはずであった債権などについては、その履行を請求することができない。

② すでに履行がなされたときは、その返還を請求することができる。

---

① 無効だから債権はない、だからお互いに請求できないよ、ということです。

② 無効だと気づかず渡していた場合は持っている法的根拠がないから、不当利得で返せと言えます。

> **119条（無効な行為の追認）**
>   無効な行為は、追認によっても、その効力を生じない。ただし、当事者がその行為の無効であることを知って追認をしたときは、新たな行為をしたものとみなす。

先ほど、無効は追認ができないと説明しました。理論上、取消権がないんだから、取消権を捨てるなんてことはできません。

でもこんなの**一般人にとってみれば、知ったことではありません**。

有効だろうがなんだろうが、「あー、あれを認めるよ」と言ったりすることもあるでしょう。

ではそのように追認した場合、どう処理するのでしょう。

売買契約をしたのですが、その時点ではその物品は麻薬の指定を受けていました。この売買契約は法律違反をしているので無効です。

その後、その物品が麻薬指定を外れました。そして、この2人が追認したのです。

ここで、**売買契約をやり直したと考え、④追認時点で売買契約の効力を認めます**。

気を付けてほしいのは、遡及効がないということです。追認時点で売買をやり直したのであって、前の麻薬の売買の時に遡って、所有権移転が起きるのではありません。

もし前の図②で追認した場合はどうなるのでしょう。この時点で売買契約をやり直したことになりますが、法禁物の状態のため、その売買契約は無効です。

つまり、**無効な行為を追認した場合、必ず有効になるとは限らないのです。**

新たな行為をしたとみなす、もう1回売買契約をやり直したというだけで、有効無効になるかはケースバイケースです。

第2節 取消し

> **120条（取消権者）**
> 1　行為能力の制限によって取り消すことができる行為は、制限行為能力者（他の制限行為能力者の法定代理人としてした行為にあっては、当該他の制限行為能力者を含む。）又はその代理人、承継人若しくは同意をすることができる者に限り、取り消すことができる。
> 2　錯誤、詐欺又は強迫によって取り消すことができる行為は、瑕疵ある意思表示をした者又はその代理人若しくは承継人に限り、取り消すことができる。

ポイントは、「限り」という言葉です。

取り消すことができる人というのは、限定的です。**ここに載っている人以外は、取り消すということが言えません。**

取り消すと、その人から債権債務がなくなります。私的自治の原則から、「意思がなければ債務なし」、だから「債務から解放されたければ、その人の意思がいる」ため、その人だけが、取消しの主張ができればいいはずです。

ただ120条が、取消しができる人の幅を若干広げています。

 覚えましょう

◆ 取消権者（120）◆	
制限行為能力による取消しの場合	・制限行為能力者本人 ・代理人・承継人・同意権者
錯誤、詐欺又は強迫による取消し	・瑕疵ある意思表示をした者 ・代理人・承継人

　本来は未成年者自身が取消しをするべきですが、保護者にも取消権を与えています。

　代理人というのは、親権者（未成年後見人）、成年後見人を想定しています。

　同意権者というのは、これは保佐人や補助人の場合を想定しています。保佐人、補助人は代理権を持っているとは限りません（追加付与の審判が必要です）。

　保佐人と補助人が取消しできるように、同意権者という言葉を入れてあります。

　承継人というのは、例えば、包括承継を受けた人、相続人と考えておいてください。ある成年被後見人が取消権を持っていたが、それを使わないまま死んだ場合、相続人に取消権が降りてきますので、その相続人が取消権を行使できるのです。

　詐欺によって騙された場合はどうでしょう。

　騙されて契約をすれば債権・債務は発生し、取消しをすればその債権債務はなくなります。取消しはその効果を受ける、脅された方が言うべきです。ただ先ほど同じように、代理人や承継人も言えるとしています。

　この120条で注意して欲しいことが、取消しといっても制限能力と錯誤・詐欺及び強迫しかルール化していないということです。（民法には取消しができる場面というのが、かなり多く載っています。その中でもこの120条がルール化しているのは、制限能力と錯誤・詐欺及び強迫だけです）。

121条（取消しの効果）
　取り消された行為は、初めから無効であったものとみなす。

◆ 無効・取消後の返還する義務の範囲 ◆

原則	原状回復義務（121の2Ⅰ）
例外①	無償行為について、善意の給付受領者の返還義務は現存利益に制限される（121の2Ⅱ）。
例外②	意思無能力者・制限行為能力者の返還義務は現存利益に制限される（121の2Ⅲ）。 → 善意・悪意で区別なし

取消しには遡及効があり、**契約をしていなかったことになるため、もう持っている理由がなくなり、返しなさいとなるわけです。**

　ただ返せばいいのではなく、相手方を契約前の状態にまで戻す必要があります。これを**原状回復義務**といいます。そのため、売買契約で100万円受けとり、30万円使い込んだ後に取消しがあった場合、返還するのは70万円ではなく、100万円になります。

　ただ、これには、例外があります。次の事例を見てください。

---

ex.
17歳の未成年者Aが法定代理人の同意なくして車を売った
受け取った代金を半分費消した後に取消し

　本来は、取り消した場合には原状回復をする必要があります。
　ただ、**使い込んでいる時に困ります。**

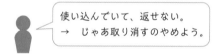

使い込んでいて、返せない。
→　じゃあ取り消すのやめよう。

これでは制限能力者の保護が図れません。

　そこで、「**取り消しても大丈夫**だよ。**未成年者なら、現存利益で返せばいいから**」と規定して、取消しをしやすくしたのです。

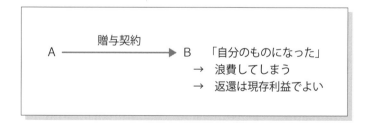

```
                贈与契約
    A ─────────────────→  B    「自分のものになった」
                                →　浪費してしまう
                                →　返還は現存利益でよい
```

　受け取った者が善意であれば、自分のものになったと誤解してしまい、使い込むことが予想されます。

そのため、無償行為（贈与）の給付を受けたものが**善意であれば、現存利益の返還で足りる**としました。

━━━ 問題を解いて確認しよう ━━━

1	当事者が無効な行為を追認したときは、当該追認は、当該行為の時に遡ってその効力を生ずる。〔25-5-ア〕	×
2	無効である法律行為を追認した場合には、新たな行為をしたものとみなされ、初めから有効であったとされることはないのが原則だが、無権代理行為を追認したときは、初めから有効であったものとみなされる。〔16-6-エ改題〕	○
3	未成年者が買主としてした高価な絵画の売買契約を未成年者の行為能力の制限を理由として取り消した場合において、その絵画が取消しの前に天災により滅失していたときは、当該未成年者は、売主から代金の返還を受けることができるが、絵画の代金相当額を売主に返還する必要はない。〔19-6-ア〕	○
4	未成年者を一方当事者とする売買契約が行為能力の制限を理由として取り消されて無効となった場合には、当該売買契約に基づく債務の履行として給付を受けた相手方は、現に利益を受けている限度において、その給付について返還の義務を負う。〔令4-4-オ〕	×
5	AのBに対する無償行為が錯誤を理由に取り消された場合には、その行為に基づく債務の履行として給付を受けたBは、給付を受けた時にその行為が取り消すことができるものであることを知らなかったときは、その行為によって現に利益を受けている限度において、返還の義務を負う。〔令3-5-エ〕	○

- - - - - ✕肢のヒトコト解説 - - - - -

1 無効な行為を追認しても、遡及させる力はありません。

4 本肢は、未成年者側の返還義務ではなく、相手側の返還義務です。これは原状回復義務となり、軽減はされません。

☐ 主たる債務者が行為能力の制限によってその債務を生じさせた行為を取り消すことができる場合であっても、当該債務の保証人が当該行為を取り消すことはできない。〔25-5-ウ〕

★120条に規定されている以外の者は、取消しをすることはできません。保証人は120条に規定されていません。

第3節 追認

124条（追認の要件）
1 取り消すことができる行為の追認は、取消しの原因となっていた状況が消滅し、かつ、取消権を有することを知った後にしなければ、その効力を生じない。
2 次に掲げる場合には、前項の追認は、取消しの原因となっていた状況が消滅した後にすることを要しない。
① 法定代理人又は制限行為能力者の保佐人若しくは補助人が追認をするとき。
② 制限行為能力者（成年被後見人を除く。）が法定代理人、保佐人又は補助人の同意を得て追認をするとき。

　ここで学ぶのは、意思表示による追認という「自分の意思で取消権を捨てる」場合の要件です。

 覚えましょう

　追認の要件
　①追認権者によってなされること
　②「取消しの原因となっていた状況が消滅した後」追認がなされること
　③法律行為を取り消すことができるものであることを知っていること

---

　① 追認権者によってなされること

　追認権者＝取消権者と思ってください。

　取消権を捨てるんですから、取消権を持っている人しかできません。

② 「取消しの原因となっていた状況が消滅した後」追認がなされること

追認は冷静になってからやりなさい、ということです。
次の時系列を見てください。

騙されていたことに気付いた時、これを「詐欺を脱した時」と表現しています。
「詐欺とは分かったけど、よくよく見たらあの契約は内容がいいから認めよう」
このように冷静な判断ができていれば追認ができます。

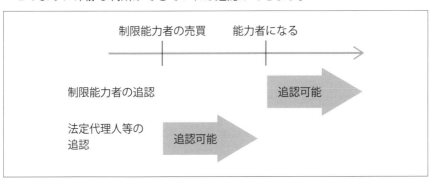

　未成年者自身は、**能力者になって初めて冷静な判断ができる**ので、この後なら
追認ができます（**未成年者の状態でも、親の同意があれば追認が可能**です。同意
があれば売買契約ができる以上、同意をもらって追認するのは問題ないでしょ
う）。
　一方、**親は常に冷静なので、すぐに追認ができます。**

③ 法律行為を取り消すことができるものであることを知っていること

　捨てるというのは、**取消権を持っていることが分かっているから捨てることが
できる**のです。

「自分は騙されていた」、だから取消権を持っているんだ。

「自分は未成年の時に、売買をしていた」、だから取消権を持っているんだ。

その意識が必要なのです。

125条（法定追認）

　追認をすることができる時以後に、取り消すことができる行為について次に掲げる事実があったときは、追認をしたものとみなす。ただし、異議をとどめたときは、この限りでない。

　① 全部又は一部の履行

　② 履行の請求

　③ 更改

　④ 担保の供与

　⑤ 取り消すことができる行為によって取得した権利の全部又は一部の譲渡

　⑥ 強制執行

　先ほどの追認は、自分の意思で取消権を捨てることです。これからやるのは、気付いたら取消権がなくなっている、**一定の行動をすると、取消権がなくなりますよ**、という制度です。こういうものを法定追認と呼びます。

　具体例で見ましょう。

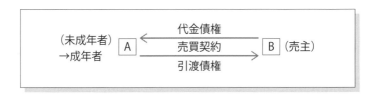

　未成年者が、単独で売買契約をしているため、有効だけど取消権を持っていました。このAが成年者になってから、物語が始まります。

---

　① Aが履行する

　AがBにお金を払いに来ました（履行したという表現をします）。

　するとBとしてみれば、

取り消されると思っていたのに、履行するということは、この人、取り消すつもりはないな!!

このような**Bの期待を保護するため、Aには取消しをさせません。**

「**履行してきた→Bが期待する→取消権はなくなる。**」こういう論法です。

---

② Aが履行を受ける

Bが履行したら、Aが受け取ったという場合です（履行を受けた、と表現されます）。

Bとしてみれば、取り消されるかなと思いながらAのところに持って行ったら、受け取ってくれました。受け取ってくれれば、Bとしてみれば、「もう取り消すつもりはないんだろうな」と期待するでしょう。

この場合も、Aの取消権は消滅します。

---

③ Aが引渡請求する

Bは取り消すと思ったらAが渡せと請求してきたので、Bは、「これは取り消すつもりがないんだな」と期待するので、やはり取消権は消滅します。

---

④ Aが代金請求を受ける

Bがお金を払えと請求した場合です。これだけだと、Bの期待は生じません。

①～③は、**Aの何らかのアクションがあった**のです。

Aが物を持ってくるとか、Aが受け取るとか、Aが請求するとか、A側のアクションがあったのですが、④の事例はAのアクションが何もないのです。

この場合は追認とはなりません。

法定追認でしっかり確認してほしいのは、取消権を持っている人の行動があるかという点です。

⑤	Aが取り消すことができる行為によって取得した権利を譲渡した

ＡＢ間で売買契約をしましたが、親の同意を得ていませんでした。

このＡが、成年者になって、その物をＣに売ったのです。

Ｂとしてみればどう思うでしょうか。

Ａが取り消すと思ったら、物品を転売している。**転売したってことはもう取り消すつもりはないんだろうと期待**します。この転売をしたことによって、Ａは取消権を失います。

こういった場合が法定追認の具体例です。要件をまとめてみました。

法定追認の要件
① 125条に掲げる事実のうちどれか一つがあること
② 追認のできる者によってなされること
＝「取消しの原因となっていた状況が消滅した後」
③ 取消権者が異議をとどめなかったこと

①は先ほど見た行為です（125条の内容をすべて覚える必要はありません。この書籍に載っている事例を押さえておけばいいでしょう）。

②これがよく出ます。**冷静になってからでなければ、追認にならない**のです。

先ほどのすべてのケース、成年者になったことを前提にしていたことに気付いたでしょうか。

冷静になった状態で、請求や履行する、また履行を受けたり譲渡すると法定追認になります。**冷静になる前に、これらの行為をしても追認にはなりません。**

　③これは次の図を見てください。

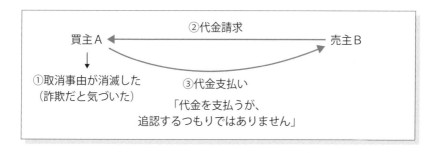

　Aが、Bに騙されて、売買契約をしてしまいました。ここでAが、詐欺だと気付きました。

　詐欺に気付いたのですが、詐欺の証明に自信がありません。法律上の詐欺かどうかということを、裁判例を調べて調査中の状態です。

　この状況で、Bからお金を払えと言われました。

　Aとしては払いたくないのですが、詐欺取消しとまだ主張できない状況です。

　ただ、ここで払わないと、Aは、強制執行を受ける可能性があります。

　かといって、払ってしまうとこれは法定追認になりかねません。

　そこで、払う時に「**今から払いますけど、法定追認のつもりではないですからね。詐欺だってことが証明できたら取り消しますよ**」こういう一言を入れておきます。

　この一言を入れておけば、法定追認とならないで済むのです。

　（この一言がないことが、法定追認の要件「取消権者が異議をとどめなかったこと」になります）

126条（取消権の期間の制限）
　取消権は、追認をすることができる時から5年間行使しないときは、時効によって消滅する。行為の時から20年を経過したときも、同様とする。

取り消されるかどうかわからない、不安定な状態は困る
早くどっちになるかを決めたい。

取消権には期間制限があるよという話です。

追認できる状態から5年経ったら、使えないとしています。また、**契約から20年**経った場合も使えません。2つの基準のどちらかが来た時点で、取消しができなくなります。

ex　詐欺による売買

2000年 —— 売買

2018年 —— 追認可能状態になる

2020年 —— 取消権が消滅

2023年

2000年に行った売買契約が詐欺でした。

2018年に詐欺が発覚したので、ここから5年後の2023年には取消権が消滅するはずです。

ただ、契約から20年たつ2020年の方が先に到来するので、この事例では2020年に取消権が消滅してしまうのです。

1	AがBの詐欺により、Bとの間で、A所有の甲土地を売り渡す契約を締結した。売買契約の締結後、20年が経過した後にAが初めて詐欺の事実に気付いた場合、Aは、売買契約を取り消すことができない。〔10-4-3〕	○
2	甲は、未成年者であるが、親権者丙の同意を得ないで乙に甲所有の高価な壺を売却した場合には、甲は、成年者となる前は、丙の同意を得たときでも、売買契約を追認することができない。〔5-8-2〕	×
3	制限行為能力者が行為能力の制限によって取り消すことができる行為によって生じた債務を行為能力者となった後に承認した場合であっても、当該行為が取り消すことができるものであることを当該制限行為能力者が知らないときは、当該行為を追認したものとはならない。〔25-5-エ〕	○
4	取り消すことができる行為について追認をすることができる取消権者が当該行為から生じた債務の債務者として履行をした場合には、法定追認の効力が生ずるが、当該行為について当該取消権者が債権者として履行を受けた場合には、法定追認の効力は生じない。〔25-5-オ〕	×
5	未成年者Aは、単独の法定代理人である母親Bの所有する宝石を、Bに無断で自己の物としてCに売却し引き渡した。Aが、Bの同意を得て、Cに対し代金の履行請求をした場合には、Aは、未成年者であることを理由にA・C間の売買を取り消すことができない。〔6-7-オ改題〕	○
6	Aは、Bの詐欺により錯誤に陥り、Bから、ある動産を買い受ける旨の売買契約を締結したが、その後に、Bの詐欺が発覚した。Bが売買代金請求権をCに譲渡し、その旨をAに通知した後、AがCからの強制執行を免れるために売買代金を弁済した場合、売買代金の弁済は、Aが債務者として履行しなければならないことであるが、追認する趣旨ではないことを示した上で弁済をしていれば、追認をしたものとみなされない。〔10-4-2改題〕	○

----- ×肢のヒトコト解説 -----

2　未成年であっても、同意があれば追認できます。

4　履行を受ける行為によって、相手が「これは、取り消すつもりがないな」と期待するので、法定追認になります。

第7章 代理

司法書士試験では、ほぼ毎年といっていいほど出題される論点です。出題のメインは、代理権がある場合の有権代理という部分と、代理権がない場合の無権代理に二分されます（無権代理の中の表見代理は、ほとんど出題がないので、ハマらないようにしてください）。

まずは代理の要件ごとに、論点を確認していきます。

第1節 本人と代理人の関係（代理権）

どういうときに代理権が発生するのかというと、法定代理の場合は、法律の条文の要件に当たると代理権が発生します。

一方、任意代理の場合は、代理権授与によって代理権が発生します。

その任意代理について、細かい分析をしましょう。次の図を見てください。

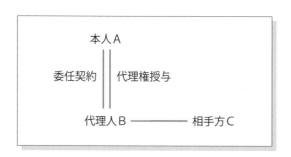

AがBに代理権授与をしたいという場合は、まず、**委任契約ということをします**。

委任契約というのは、何か物事を頼むという契約だと思ってください。この事

例ではＣから土地を買ってきてくれと頼みます。これに加えて代理権授与ということをします。

　一見、委任契約だけでいいんじゃないかと思うところですが、この**委任契約だけだと、Ｂは、自分の名前で、Ｃと売買契約をすることになります。**
　つまり、「Ｂです。売ってください」と契約するのです。
　これでは、**所有権はＣからＢに移るため、そのあとＢからＡに移すことになり、面倒**です（不動産の所有権を移す場合は、不動産取得税が2回かかります）。

　そこで、委任契約に加えて代理権授与をしておくのです。
　こうすれば、「Ａ代理人Ｂです」と言えるので、所有権をＣからＡに移すことができます。

　委任契約と代理権授与は、目的と手段という関係です。
　委任契約をやりやすくするための手段が、代理権授与だと思ってください。

　この代理権授与をしても、代理権がなくなってしまう場合があります。1つ目が108条の場面です。

108条（自己契約及び双方代理等）
　同一の法律行為について、相手方の代理人として、又は当事者双方の代理人としてした行為は、代理権を有しない者がした行為とみなす。ただし、債務の履行及び本人があらかじめ許諾した行為については、この限りでない。

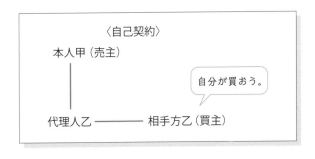

甲が乙に駅前の不動産を売ってきてくれと頼みました。

そうしましたら、乙が「この物件、結構いいぞ。自分が買おう」と考え、乙が買うことにしました。このように**代理人自身が買う場合、自己契約**と扱われ、基本的には禁止されます。

契約内容を誰が決めるか考えましょう。

売主側の契約の意思表示は、代理人の乙が裁量で決められますね。

買主側の意思は乙が決めます。

つまり**契約内容は、乙1人で決められます**。

この場合、**乙は、自分に有利な値段にしてしまう可能性があります**。

これでは本人に不利益となるので、自己契約にあたる場合、代理権はなくなるようにしたのです（もしやってしまえば、無権代理という扱いになります）。

乙という人は人気者で、甲から物件を売って欲しいという代理を頼まれ、丙からはいい物件を買ってきて欲しいと頼まれていました。

今回乙が「甲から頼まれた物件を、丙に売ろう」と考えました。

両方の代理人になる、こういうのを双方代理といいます。

これも危険なのです。

契約内容は、乙1人で決められます。これは先ほどの自己契約と同じです。

そのため、**どちらかに肩入れして、契約内容を不当にしてしまう危険があります**。これも無権代理という処理にしています。

条文を見てください。自己契約、双方代理でも、やっていいケースがあります。

1つが、**事前にOKをもらっていたという場合**です。

この場合は、「こういう契約内容で、自分が買いたいんだけど、いいかな」と

聞いた上で本人がＯＫしているので、問題はありません。

　もう１つは、債務の履行に当たるような場合です。この試験に関連するものでいうと、登記申請です。

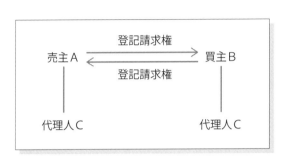

　売主・買主で売買契約をしました。
　するとお互い登記請求権を持ち合い、登記する義務がお互いに発生します。
　両方とも登記する義務があるのですが、売主はその義務の履行をＣに頼み、買主もＣに頼みました（このＣが司法書士です）。

売主と買主、両方の代理人が同じなのですが、これは許されます。

　代理して、新たな権利関係を作ろうとしているわけではありません。**生み出された権利義務の後始末をしているにすぎないので、危険性が低い**ので許されます。

　では、次の論点に行きましょう。

【代理権の消滅事由】　○＝消滅原因に当たる　×＝当たらない

	本　人	代理人
死亡	○	○

　ここからは、一度発生した代理権が消える場面を学習します。まずは任意代理で見ていきましょう。
　上の図は、「本人が死んだら代理権が消えます。代理人が死んでも代理権は消えます」ということを表しています。
本人が死ぬ→権利能力がなくなる→代理の要件を満たさなくなります。

だから**代理権を残しても意味がないので消滅させます。**

代理人が死んだ場合、持っている代理権は子供には降りません。**代理権は、その人だから得られた権利（一身専属権）**だからです。そのため、**代理権は相続人に降りずに、消滅**します。

【代理権の消滅事由】　　○＝消滅原因に当たる　×＝当たらない

	本　人	代理人
後見開始の審判	×	○

代理人に、後見開始の審判があれば代理権は消滅します。
　後見開始を受ければ、自分のことすらできなくなります。そのような方が他人のことをやるべきではないでしょう。

一方、本人が後見開始の審判を受けたとしても、別に本人が行為をするわけではないので、代理権はそのまま残ります。

【代理権の消滅事由】　　○＝消滅原因に当たる　×＝当たらない

	本　人	代理人
破産手続開始の決定	○	○

代理人が破産した場合、代理権は消滅します。
　破産をしたということは、**自分の財産管理に失敗した**ということです。こういう方が、**他人の財産を扱うべきではない**でしょう。

一方、本人が破産した場合も、代理権は消えます。破産をすると、破産管財人という方が登場して、本人の財産管理は全部その方がやります。そこで、**今いる代理人には辞めてもらって、すべて破産管財人に一括管理させることにしている**のです。

覚えましょう

◆ 代理権の消滅事由 ◆

○＝消滅原因に当たる ×＝当たらない

	法定代理 (111)		任意代理 (111・653)	
	本　人	代理人	本　人	代理人
死亡	○	○	○	○
後見開始の審判	×	○	×	○
破産手続開始の決定	×	○	○	○

法定代理、任意代理について代理権の消滅事由をまとめました。

ここまで学習したのは、任意代理です。

では、法定代理の図、任意代理と比べて、1点違うところだけ覚えてください。

それは、**本人が破産した場合に、×という点**です。

例えば、未成年者が破産しても、親は法定代理人のままです。

確かに**財産管理は破産管財人が要りますが、親が法定代理人であることは変わりません**（親は親で変わりません）。

法定代理の事例を一つ一つ考えると、ドハマりしますので、違う点だけ覚えてください。

問題を解いて確認しよう

1　Aが、Bに対して、甲土地を購入するための代理権を付与した後、Bが死亡した場合、Bの相続人Cは、相続の放棄をしなくても、代理人の地位を承継しない。〔オリジナル〕　　○

2　Aが有する乙土地をBに売却した場合、ABともにCを同一の代理人として、登記申請をすることができる。〔オリジナル〕　　○

3　売主の代理人として売買契約を締結する権限を与えられていた者が、その売買契約の買主となる場合、その者は、あらかじめ売主の許諾を得ていたときは、売主の代理人として当該売買契約を締結することができる。〔オリジナル〕　　○

第3編　民法　総則　◆　第7章　代理

第2節 代理人と相手方の関係

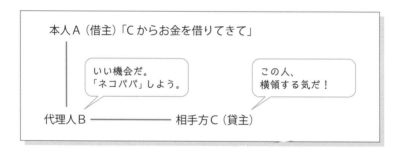

本人A（借主）「Cからお金を借りてきて」

いい機会だ。
「ネコババ」しよう。

この人、
横領する気だ！

代理人B ──────── 相手方C（貸主）

これが代理権の濫用と呼ばれる論点です。

BがAからお金を借りてきて欲しい、と頼まれましたが、このBは、横領しよ
うと思っていました。

横領しようと思って、Cのところに行き「私はAの代理人Bだ」と言って、C
からお金を借りて、持ち逃げした。こういうお話です。

（ただ、Cは、Bが横領する気なのを知っていました。）

この場合、契約は成立するのでしょうか。

（もし契約が成立するなら、Aには、借金を返す義務が生じます。Aは、お金を受け取ってもいないのに、借金を返すはめになるのです。）

107条（代理権の濫用）
　代理人が自己又は第三者の利益を図る目的で代理権の範囲内の行為をした場合において、相手方がその目的を知り、又は知ることができたときは、その行為は、代理権を有しない者がした行為とみなす。

代理の要件を満たしているので、原則として効果帰属します。 はっきりいえば、そういう方を選んだ本人が悪いのです。

　ただ、今回の相手方Cは、横領する気だと分かっていました。**横領する気が分かっていたのなら、契約しなければよかった**のです。この場合は、**相手の保護の要請が落ち、無権代理として処理する**ことにしています。

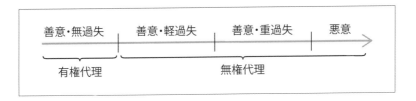

　結局、上記のように相手方Cの内面で決まります。
　Cが善意無過失なら有権代理で、それ以外であれば無権代理として処理するのです。

問題を解いて確認しよう

1	Aの代理人であるBは、その代理権の範囲内でAを代理してCから1000万円を借り入れる旨の契約を締結したが、その契約締結の当時、Bは、Cから借り入れた金銭を着服する意図を有しており、実際に1000万円を着服した。この場合において、Cが、その契約締結の当時、Bの意図を知ることができたときは、Aは、Cに対し、その契約の効力が自己に及ばないことを主張することができる。〔オリジナル〕	○

では、次の論点に行きましょう。

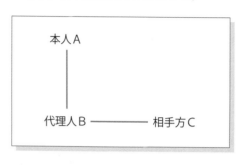

「A代理人B」→　顕名あり
「A」→　顕名あり

BがCに顕名をします。

上に載せた2つは問題なく顕名ありになります。

効果帰属先を教えるのが顕名です。**どちらでも、効果帰属する先がAだというのが分かるのでOK**です。

「B」→　顕名なし（100）
　　　但し、Cが悪意・有過失だと顕名あり

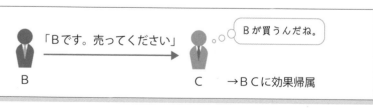

Cは、Bが買うと思うでしょう。そのため、顕名はしていなかったことになり、

BC間で契約が成立したことになります。

　ただC側が、「Bさん、ちょっと緊張しちゃっているな。間違って言っているんだな」ということを分かっている、もしくは気付ける状態だというのであれば顕名ありにして、AC間で成立するという処理にしています。

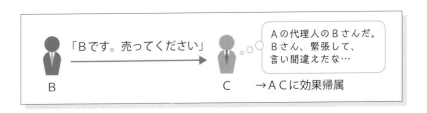

「Bです。売ってください」

Aの代理人のBさんだ。
Bさん、緊張して、
言い間違えたな…

B　　　　　　　　　　　　　　　C　　→ACに効果帰属

　上記のように、Bが代理人だということを分かっていた場合（もしくは、わかりえるような状況だった場合）には、ACで効果帰属させても、Cには不意打ちになりませんね。

　では、次の論点に行きましょう。

101条（代理行為の瑕疵）
1　代理人が相手方に対してした意思表示の効力が意思の不存在、錯誤、詐欺、強迫又はある事情を知っていたこと若しくは知らなかったことにつき過失があったことによって影響を受けるべき場合には、その事実の有無は、代理人について決するものとする。
2　（省略）
3　特定の法律行為をすることを委託された代理人がその行為をしたときは、本人は、自ら知っていた事情について代理人が知らなかったことを主張することができない。本人が過失によって知らなかった事情についても、同様とする。

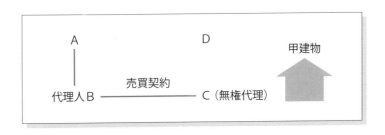

A　　　　　　　　　　D　　　　　　　甲建物

代理人B ―――――― 売買契約 ―――――― C（無権代理）

代理人Ｂが、甲建物の所有者の代理人と称するＣと取引をしました。その後、そのＣが無権代理だと発覚しました。

ここで、117条責任を追及する場合、要件である善意無過失は誰を基準に判定するのでしょうか。

 覚えましょう

原則	代理人を基準として決める（101 Ⅰ・Ⅱ）
↓	代理人が善意・無過失の場合
例外	① 本人が悪意・善意かつ過失がある状態である ② 特定の法律行為の委託である → 本人を基準で処理する

原則は代理人で判断します。

契約交渉に行くのは代理人なので、代理人の善意悪意で片をつけるのです。ここで代理人が悪意とか、過失があるんだったら、もう損害賠償は請求できないで決まりです。

ただ、**代理人が善意・無過失だった場合は、もう1つフィルターがやってきます**。これが上の図表の例外の部分です。これは①かつ②を満たした場合を指します。

A

甲建物、Ｃが無権代理をやっているな！
これで儲けてやろう！

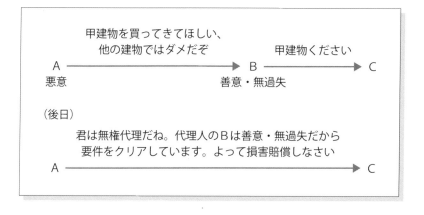

これは**卑怯すぎます**ね。こういう事態を防ぐための基準が、例外の①②です。
特に②に注意してください。

「買って来い」では足りず、「甲建物を買って来い」と、**物品の特定まで必要で**
す。

このように、善意か悪意かは、基本は代理人で判断しますが、場合によっては
本人を基準に判断します。

この101条という条文、他の使用例を見てみましょう。

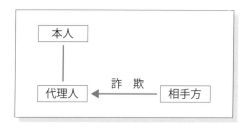

詐欺を受けたかどうかも代理人で決めます。

この図では、誰に詐欺をしていますか。

代理人が詐欺に遭っていますから、これは買主側が詐欺に遭ったと考えて、取
消権が発生します。

ただ、この**取消権は、本人が持つ**ので注意してください。

代理の効果はすべて本人に帰属し、代理人には一切効果が帰属しないからです。

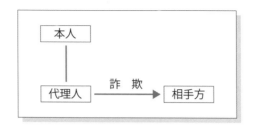

詐欺をしたかどうかは代理人で決めます。

今回は、代理人が詐欺をしていますから、買主側全体が詐欺をしたと評価します。だから結局これも取消しができるということになります。

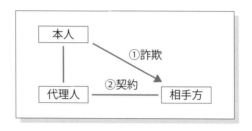

詐欺をしたかどうかは、代理人で決めます。

するとこの事例は、本人が詐欺をしているんだから、買主側は詐欺をしたことにならない……

となりそうですが、これはちょっとおかしいですよね。

本人が詐欺をしているので、買主が詐欺をしたと考えてOKです。

102条（代理人の行為能力）
　制限行為能力者が代理人としてした行為は、行為能力の制限によっては取り消すことができない。ただし、制限行為能力者が他の制限行為能力者の法定代理人としてした行為については、この限りでない。

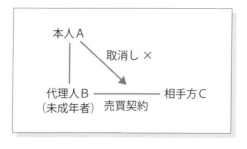

　Bは、未成年者です。そして、Bが未成年者というのを分かっていて、AがB
を代理人にしたのですが、これは問題ありません。
　行為能力があろうがなかろうが代理人になれます。

　これは何を意味するかというと、
Bが契約しても、取り消せないということなのです。

　Bが未成年者であれば、もしかしたら不利な契約内容にするかもしれません。
　ですが、**Aはそれを分かっていて、Bを代理人にしている**のです。このAを保
護する必要はないので、取消権は発生させません。

　また、**Bにも取消権は発生しません**。
　Bは債務を負いませんから、Bの取消しを認める必要がないのです。

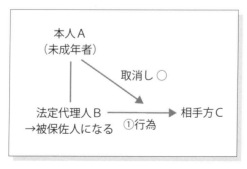

　未成年者Aには親Bがいて、Bは法定代理権を持っています。このBが、その
後、保佐開始決定を受けました。
　ここで、Bが保佐開始決定を受けた後で行った行為をAは取り消せるでしょう
か。

ここでは、「制限能力者を代理人で選んだのだから、その責任は自分で取れ」という理屈は通じません。そこで、**制限能力者が代理人でもそれが法定代理であれば取り消せる**ことを規定しました。

問題を解いて確認しよう

1 代理人が本人のためにすることを示さないで意思表示をなした場合であっても、相手方がその本人のためにすることを知っていたときには、その意思表示は直接本人に対して効力を生ずる。
〔5-4-4（18-4-3、22-5-イ、26-5-ア）〕 ○

2 Aの代理人であるBは、Cに対し物品甲を売却した。Bの意思表示がCの詐欺によるものであったときは、Bは、その意思表示を取り消すことができるが、Aは、Bによる意思表示を取り消すことができない。
〔22-5-ウ〕 ×

3 Aは、Bの代理人として、Cとの間で金銭消費貸借契約及びB所有の甲土地に抵当権を設定する旨の契約を締結した。本契約がAのCに対する詐欺に基づくものである場合、Bがこれを過失なく知らなくても、Cは、本契約を取り消すことができる。〔12-3-4〕 ○

4 未成年者を代理人に選任した場合に、その者が代理人としてなした法律行為は本人がこれを取り消すことができる。
〔5-4-2（12-3-1、13-1-オ）〕 ×

5 BがAのためにする意思をもって、Aの代理人であることを示して、Cに対し物品甲を売却した場合であっても、Bが未成年者であるときは、Bがした意思表示は、Aに対して効力を生じない。〔22-5-オ〕 ×

6 制限行為能力者が他の制限行為能力者の法定代理人としてした行為は、本人がこれを取り消すことができる。〔オリジナル〕 ○

7 A株式会社の代表取締役Bから代理権を与えられたCが、Aのためにすることを示して動産甲を無権利のDから買い受けて現実の引渡しを受けた場合において、Dが無権利者であることにつきBは善意無過失であるが、Cは善意有過失であるときは、Aは動産甲を即時取得することはできない。〔30-8-エ（令4-5-オ）〕 ○

第3節 代理の種類・類似する制度

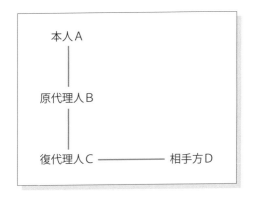

AがBに頼んだのですが、Bは忙しかったのでしょう、Cに「俺の代わりに代理をしてくれ」と頼んだようです。そして、このCが相手方Dと契約しました。

この時のCを復代理人、頼んだBのことを原代理人と呼びます。

> 効果帰属 → AD

CとDで契約したら、どこに効果帰属するかというと、Bではなく、Aです。**代理の効果は本人に帰属する**からです。

となれば、このCはどんな顕名をすればいいかが分かります。

> 顕名 → A代理人C

顕名は、Ａ代理人Ｃとすることになり、Ｂ代理人Ｃではありません。

効果帰属先はＡなので、Ａと伝える必要があります。

> Ｂは代理できるか　→　○

復代理をするというのは、代理権をあげるということではありません。

復代理を選ぶというのは、**Ｂの代理権をＣにも使わせる**、こんなイメージがいいですね。**ＢはＣに使わせているだけだから、Ｂ自身も代理権を使うことができるわけです。**

Ｂの代理権が消滅すれば、Ｃの代理権も消滅する

Ｂの代理権がなくなっていれば、Ｃも使えなくなります。 そのため、Ｂの代理権が消滅すれば、Ｃの権限も消滅します。

 覚えましょう

◆ ＢがＣを選任できるか？ ◆

	任意代理人	法定代理人
原則	復任権なし	常に復任権あり（105本文）
例外	本人の許諾あるとき 又は やむを得ない事情あるとき（104）	

代理人Ｂが復代理人Ｃを選べるかという話です。

まず**任意代理では、復代理人を選べません。**

ＡはＢを信用して選んだのです。ですからこのＢが、頼まれたことを他人に丸投げすることを認めるべきではありません。

例外を見てください。

本人のために復代理を禁じたのですから、その本人のOKがあれば、復代理人を選べます。ただ、許諾が取れないような緊急事態、そういった場合は許諾なしでも選ぶことができます。

今の趣旨からいえば、許諾があるとき「及び」やむを得ない事情があるときではないですよね。**許諾があるか「又は」やむを得ない事情があるときになりますね。**

一方、法定代理では常に復任権があり、常に復代理人を選べます。

法定代理人というのは、勝手に代理人になっていることが多い、法で要求されている仕事が多い、また辞めたくても辞めづらいということから、忙しかったり、辛かったら、他の人に頼んでいいよとしたのです。

ただ、**自由に選べる反面、Cがしくじった場合、法定代理人は責任を負わされる**ようにしています。

覚えましょう

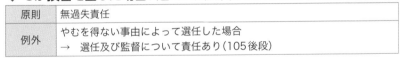

◆ Cが損害を出した場合、選んだ法定代理人Bに責任が生じるか？ ◆

原則	無過失責任
例外	やむを得ない事由によって選任した場合 →　選任及び監督について責任あり（105後段）

Cが損害を出した場合、法定代理人Bに落ち度があろうがなかろうが責任を負わせることにしています。自由に選べる反面、基本的に責任を取れということです。

ただ、病気などでしょうがなく選んだ場合も責任を取れでは酷なので、この場合については過失責任として、落ち度があった場合だけにしています。

1 法定代理人は、復代理人を選任したときは、やむを得ない事由により　　　　○
その選任をした場合を除き、その選任及び監督につき過失がなかった
場合であっても、復代理人の行為について本人に対して責任を負う。
〔61-8-4（5-4-3）〕

2 委任による代理人は、復代理人を選任したときは、自ら代理行為をす　　　　×
ることができない。〔61-8-2（4-2-ウ、19-5-イ）〕

3 復代理人は、代理行為をするに当たっては、本人のためにすることを　　　　×
示すほか、自己を選任した代理人の名を示すことを要する。
〔61-8-5（4-2-イ、19-5-ア）〕

4 復代理人が本人の指名に従って選任された場合、復代理人の代理権は、　　　×
代理人の代理権が消滅しても消滅しない。〔19-5-オ改題（4-2-オ）〕

5 委任による代理人はやむを得ない事由があるときは、本人の許諾を得　　　　○
なくても、復代理人を選任することができる。〔4-2-ア（令4-5-ア）〕

×肢のヒトコト解説

2 代理権を使わせているだけなので、代理人も代理行為ができます。

3 本人に効果帰属するので、本人の名前だけ出せば足ります。

4 代理人の代理権がなくなれば、もう復代理はできなくなります。

2周目はここまで押さえよう

本　　人		代理人		復代理

```
   委任契約＋代理権授与      委任契約＋代理権授与
                                              売却
A ─────────────→ B ─────────────→ C ─────────── D
      引渡債権                引渡債権
```

　AがBに「土地を売ってきてほしい」という代理を頼んだ場合には、ＡＢ
間に委任契約が成立しているので、ＢはＡに「受け取ったお金を渡す義務」
が生じます（委任契約の効果です）。

このBがCに「土地を売ってきてほしい」という復代理を頼んだ場合には、ＢＣ間に委任契約が成立するので、ＣはＢに「受け取ったお金を渡す義務」が生じます（委任契約の効果です）。

Ｃが引渡し義務を負う相手はＢだけではありません。

◆ 復代理人と本人の関係 ◆

106条2項	復代理人は、本人及び第三者に対して、その権限の範囲内において、代理人と同一の権利義務を有する。
具体例	代理人が本人と委任関係（643条以下）にあるときは、復代理人も本人に対して受任者たる地位に立ち、受任者としての権利義務 善管注意義務：644条 受領金銭などの引渡義務：646条 費用償還請求権：650条 報酬請求権：648条など　を有することになる。

この条文から、ＣはＡに対しても義務を負うことになります（もちろん、ＣがＢにお金を渡せば、Ａに対する義務は消滅します）。

また、この委任契約が報酬がもらえる内容であった場合には、ＣはＡに対しても請求できます。

✓ 1 復代理人が委任事務の処理に当たって金銭等を受領した場合、復代理人は、委任事務の処理に当たって、本人に対して受領物を引き渡す義務を負うほか、代理人に対しても受領物を引き渡す義務を負うが、復代理人が代理人に受領物を引き渡したときは、本人に対する受領物引渡義務は、消滅する。〔19-5-ウ改題〕　○

2 本人と代理人との間の委任契約によって代理権が授与されている場合において、代理人が本人に対して報酬を請求することができるときでも、復代理人は、直接本人に対して報酬を請求することはできない。〔オリジナル〕　×

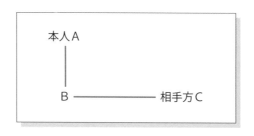

本人A
│
B ─────── 相手方C

AがBに物事を頼んでCと売買契約をしてもらいたい、やり方には代理と使者があります。

裁量を与えて頼んだ場合が代理で、こっちが言ったことを言った通りにやれというのが使者です。

	代理人（B）	使者（B）
意思の決定	B	A
表示行為	B	B

代理の場合、意思決定をし、表示行為するのは全部Bです。

つまり、Bが契約内容を決めて、BCで交渉します。

一方、この**Bが使者の場合には、契約内容を決めるのはAで、Bは伝えるだけ**です（使者は口にすぎない、ということです）。

これをいろんな角度で比較しましょう。

		代理	使者
行為者	意思能力	必要	不要
	行為能力	不要（102）	不要

行為者B側に意思能力や行為能力がいるのでしょうか。

意思能力というのは意思を決める能力です。

まず代理の場合、**Bが意思表示を作り上げるので、B自身に意思能力が要ります。**

ただ、Bに行為能力が要らないというのは先ほど説明した通りです。

一方、使者については、Bに意思能力は要りません。

B自身が意思表示を作るわけではないので、**Bにその能力は不要**です。

意思能力が要らない以上、行為能力も要りません（**意思能力がないけど、行為能力がある、という人はいませんので…**）。

本人		代理	使者
	意思能力	不要	必要
	行為能力	不要	必要

本人A側に求められるものを見ていきますと、代理の場合は、意思能力は要りません。

本人が意思表示を作り上げるわけではないので、本人にその能力は要りません（2歳の未成年者を、法定代理人が代理する場合を想像してください）。意思能力が要らない以上、行為能力も要りません。

一方、使者の場合、本人に意思能力が必要になります。

本人が契約内容を決めますので、その本人に契約内容を決める能力が要るわけです。そして本人に行為能力が必要になります。

	代理	使者
善意・悪意の基準	代理人について判断 （101 Ⅰ・Ⅱ）	本人について判断

善意悪意の基準は、代理の場合は、代理人で判断します。**交渉に行くのは代理人なので、代理人が知っているかどうかで決めることにしています。**

一方、使者の場合、**使者は交渉するわけでなく、伝えるだけ**です。そのため、善意悪意は本人の方で判断します。

Aは、Bを利用して、Cと売買契約を締結し、甲動産を取得しようとしている。

1	BがAの代理人である場合、Aは、Bに対し、売買代金額に関する決定権限を付与することができる。〔16-5-エ改題〕	○
2	BがAの使者である場合、Aは、Bに対し、売買代金額に関する決定権限を付与することができる。〔16-5-エ改題〕	×
3	BがAの代理人である場合、甲動産の購入に際し、Bには意思能力がある必要はないが、Aには行為能力がある必要がある。〔16-5-ウ改題〕	×

┌─ ×肢のヒトコト解説 ─┐

2 使者には裁量権がないので、売買代金を決めさせることはできません。

3 代理人Bが意思表示をしますので、代理人Bに意思表示を作る能力が必要です。

第4節　無権代理

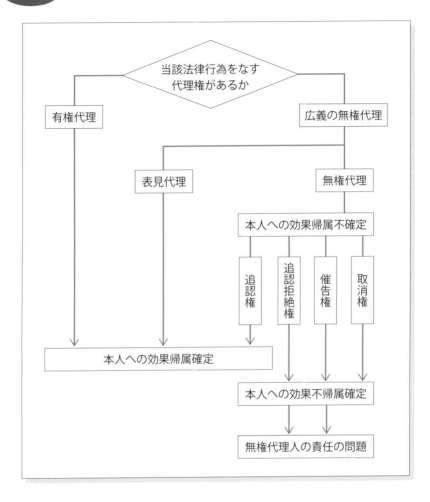

ここには、無権代理の処理の仕方が載っています。

代理権があるか、というところから始まります。代理権があれば有権代理となって本人に効果帰属します。

これがなければ無権代理という扱いになります。

無権代理にも2パターンがあって、左側に表見代理とあります。

これは、**無権代理のくせに効果帰属するという場合**です。

　一方、これに当てはまらない場合は、**無権代理という処理になり、本人に効果帰属が不確定という状態**になります。
　これは無効という状態ではありません。
　追認すれば効果帰属する、追認しなければ効果帰属しない、どっちに転ぶか分かっていないという状態です。

　このあとは、4つパターンがあります。
　追認をすれば効果帰属で決まりになりますし、追認拒絶をすれば不帰属で決まりになります。
　催告をして、それで無視すれば不帰属と決まります。

　追認拒絶、催告に対して確答しなかった場合には、その後、無権代理人の責任（117条責任）の追及ができます。
　最後に、**取消権**を説明しましょう。

　これは、単純にいえば、「なかったことにしてくれ」という意思表示です。
　「無権代理をされた→無権代理人と本人が言い争いになっている→面倒くさい→『こんなトラブルはもう嫌です。なかったことにしてください』」こういう権利行使だと思ってください。

　ポイントはこの後、**責任追及へと線が繋がっていません。**
　もうなかったことにしてくれと言っているのですから、その後の無権代理人責任追及なんて認める必要はありません。

次は、「催告、取消し、責任追及」をする場合、相手方にどんな要件が課されているかを見ていきましょう。

 覚えましょう

◆ 相手方の主観的要件の比較 ◆

○ = 認められる　× = 認められない

種類＼相手方	善意無過失	善意有過失	悪意
催告（114）	○	○	○
取消権（115）	○	○	×
責任追及（117）	○	×（注）	×

（注）相手方に過失があったとしても、他人の代理人として契約をした者が自己に代理権がないことを知っていたときは、117条の責任追及が認められる。

　相手方が善意・無過失・有過失・悪意、どの状態だったらできるかというのをまとめています。

　無権代理と分かっていても、「契約した後に追認してくれるかもしれないな」と思って契約をする人もいます。そのため、「どっちにするか決めてください」という催告までは認めているのです。

　一方、責任追及はＣが善意無過失でなければできません。

　代理人側は、無過失責任です。代理人に落ち度があろうがなかろうが責任追及を受ける立場になっています。

　相手は無過失責任を負うんだから、責任追及できる方には善意無過失という一番厳しい要件を要求したのです。

　最後に取消権ですが、これは**今までとちょうど中間の結論**です。過失があっても、善意の状態であれば認められます。

　では、次は、追認について細かく見ていきます。

> **113条 （無権代理）**
> 1 　代理権を有しない者が他人の代理人としてした契約は、本人がその追認をしなければ、本人に対してその効力を生じない。
> 2 　追認又はその拒絶は、相手方に対してしなければ、その相手方に対抗することができない。ただし、相手方がその事実を知ったときは、この限りでない。

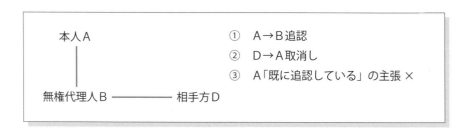

　BがDと無権代理行為をして、Aが契約内容を見たところ、この契約内容はいいなと思って追認をしようとしました。

　AはDに追認したかったのですが、Dと会ったことはなかったので、Bに伝えました。「Bさん、今回の契約内容は認めるから、Dに伝えるんだぞ」といった感じです。

　これでBがDに伝えていればよかったのですが、伝える前に、
　Dがこの契約は無権代理だということに気付き、
　「無権代理ということを知りませんでした。そんなごたごたに巻き込まれるのは嫌だから取り消します」とAのところに来てしまったのです。

　Aとしてみれば、「いや、実はもうB宛に追認をしてるんですよ」と言いたいところですが、それが113条2項で封じられているのです。

　追認してると言いたいけど、Dが知らなければ言えないよということです。
　もちろん、直接Dに伝えていれば、取消権を封じることはできますし、BがDに伝えていれば、Dの取消権を封じることができます。

　ただ、そういったことがなければ**「契約をしたかったA」**より、**「知らないD」を保護する**のです。

東京リーガルマインド　令和7年版 根本正次のリアル実況中継
司法書士 合格ゾーンテキスト **1** 民法Ⅰ

　無権代理人Ｂと取引をしたＣがいました。Ｂに代理権があるとＣは信じていたのですが、少々調査を怠っていた（過失）状態です。

　ＣはＢに117条の責任追及ができるのでしょうか。

　昔の民法では一切認められませんでした。

　Ｂは無過失責任という重い責任を負う反面、Ｃは善意無過失でなければ117条責任の追及を認めなかったのです。

　ただ、下記のような状況でも、今のような結論でいいのでしょうか。

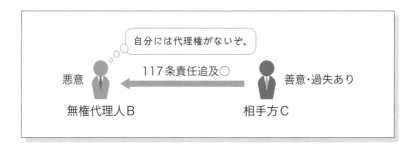

　Ｂは自分が無権代理人と分かっています。これは、**Ｂを保護するよりＣを保護すべきでしょう。**

　そこで、今の民法では**Ｃが善意・過失ありの状態でも、Ｂが悪意であれば117条責任の追及を認める**ことにしたのです。

117条（無権代理人の責任）

1　他人の代理人として契約をした者は、自己の代理権を証明したとき、又は本人の追認を得たときを除き、相手方の選択に従い、相手方に対して履行又は損害賠償の責任を負う。

2　前項の規定は、次に掲げる場合には、適用しない。

①　他人の代理人として契約をした者が代理権を有しないことを相手方が知っていたとき。

②　他人の代理人として契約をした者が代理権を有しないことを相手方が過失によって知らなかったとき。ただし、他人の代理人として契約をした者が自己に代理権がないことを知っていたときは、この限りでない。

③　他人の代理人として契約をした者が行為能力の制限を受けていたとき。

問題を解いて確認しよう

1　甲からコピー機賃借に関する代理権を与えられた乙が、丙との間でコピー機を買い受ける契約をした。丙が乙に代理権がないことを知っていた場合、丙は甲に対して売買契約を追認するや否やを催告することはできない。〔3-1-3（23-6-ア）〕　×

2　無権代理人がした契約の相手方が本人に対して相当の期間を定めて契約を追認するか否かを催告したが、応答のないままその期間が経過した場合、本人は、契約を追認したものとみなされる。
〔9-3-3（4-7-ウ、7-4-ア）〕　×

3　甲から代理権を与えられたことがないのにもかかわらず、乙が甲の代理人として丙との間で不動産を買い受ける旨の契約を締結した。丙はその契約の当時、乙が代理権を有しないことを知っていたときでも、その契約を取り消すことができる。
〔58-1-2（3-1-2、14-2-エ、23-6-ア）〕　×

4　甲は、乙に対し自己所有のカメラの質入れに関する代理権を授与したところ、乙は、丙に対しこのカメラを甲の代理人として売却した。丙が乙に代理権のないことを過失により知らなかったため乙に対し代金を支払ったときは、丙は、甲の追認がない限り、契約を取り消して代金の返還請求をすることができる。〔62-2-4（26-5-オ）〕　○

5　AがBから代理権を授与されていないにもかかわらず、Bの代理人として、Cとの間でB所有の甲建物の売買契約を締結した場合において、Cが、AがBから代理権を授与されていないことを知らず、また、知らないことについて過失はあったものの、それが重大な過失でなかった場合に、Cは、Aに対し、無権代理人の責任を追及することができる。〔26-5-エ〕　×

6　Aの代理人であると称するAの子Bが、Cとの間で、Aが所有する甲　　○
　建物の売買契約を締結したところ、Bは代理権を有していなかった。
　AがBの無権代理行為の追認を拒絶した後に死亡し、BがAを単独相
　続した場合に、Cが民法第117条第1項に基づいてBに対して損害賠
　償を請求するときには無権代理人の損害賠償責任の性質が、不法行為
　責任ではなく、法律が特別に認めた無過失責任であるので、Cは、B
　の故意又は過失を立証する必要はない。〔23-6-オ改題〕

7　本人が無権代理人に対して契約を追認した場合でも、相手方は、その　○
　追認があったことを知らないときは、無権代理であることを理由とし
　て契約を取り消すことができる。〔9-3-1（28-5-ア）〕

×肢のヒトコト解説

1　悪意であっても催告は可能です。

2　催告を無視した場合は、追認拒絶という扱いになります。

3　善意でなければ、取消権は使えません。

5　代理人Aが善意か悪意かで結論が異なります。

2周目はここまで押さえよう

追認は、明示又は黙示の、一方的意思表示によってする。

（論点）
本人が相手方に対して無権代理行為から生じた債務の履行を請求した場合
①　黙示の追認があったものと認められる（大判大3.10.3）。
②　法定追認（125）の類推適用は認められない（最判昭54.12.14）。

本人

相手方

追認したいな

「追認します」

　追認を考えている本人がいます。この人は相手に対して、「追認します」
というはっきりとした意思を伝えて追認することができます（明示の意思表
示といいます）。

追認する気持ちがある人が、いきなり行動で示してきました。契約内容を請求してきたり、契約の義務を履行したりしたのです。

この場合は、追認の意思は態度で示されたことになります（黙示の意思表示といいます）。

一方、追認の意思がないのですが、契約内容を請求したり、契約の義務を履行した場合はどうでしょうか。

これによって、以前行った法定追認「一定の態度を示したら追認になる」となるのでしょうか。

結論はNOです。

法定追認は「有効な行為を確定的にする追認」には適用がありますが、無権代理の追認のような「効果帰属しないものを、効果帰属させる」（無を有にする）ものには適用できないとされているのです。

☑1	Aは、代理権がないにもかかわらず、Bのためにすることを示して、Cとの間でB所有の甲土地を売却する旨の契約を締結した。Bは、Aから甲土地の売買代金の一部を受領した。この場合、Bは、Aの無権代理行為を追認したものとみなされる。〔14-2-ア〕	×
2	Aの代理人であると称するBが、Cとの間で、Aが所有する甲建物の売買契約を締結したところ、Bが代理権を有していなかった。BがCから受け取った売買代金をA名義の預金口座に入金し、Aがこれを認識しながら6か月間そのままにしていたという場合には、取り消すことができる行為の法定追認について定めた規定の類推適用により、本件売買契約を追認したものとみなされる。〔23-6-イ改題〕	×

☐ Ａの代理人であると称するＢが、Ｃとの間で、Ａが所有する甲建物の売買契約を締結したところ、Ｂは代理権を有していなかった。本件売買契約を締結した後に、Ｂの無権代理によるＣへの甲建物の売却を知らないＤに対してＡが甲建物を売却し、その後、ＡがＢの無権代理行為を追認した場合、ＣとＤは、対抗要件の有無・前後で優劣が決せられる。〔23-6-ウ〕

> ★116条で「追認は、別段の意思表示がないときは、契約の時にさかのぼってその効力を生ずる。ただし、第三者の権利を害することはできない。」と規定されていますが、物権については原則として対抗要件を先に備えた者が優先するので、但書適用の余地はほとんどないと言われています。

☐ Ａは、Ｂから代理権を授与されていないにもかかわらず、Ｂの代理人と称して、Ｃとの間でＢ所有の甲土地の売買契約を締結した。本件売買契約の締結後にＡがＢから甲土地の譲渡を受けた場合においても、Ｃは、その選択に従い、Ａに対し、履行の請求又は損害賠償の請求をすることができる。〔28-5-オ〕

> ★無権代理人が本人所有の不動産を売り渡したところ、その後本人から当該不動産の譲渡を受け、その所有権を取得するに至った場合でも、当該無権代理人は、117条（無権代理人の責任）の定めるところにより、相手方の選択に従い履行又は損害賠償の責任を負います（最判昭41.4.26）。無権代理の被害を受けた人の保護のため、契約を履行させるか、損害賠償で終わりにするかを選ばせるようにしているのです。

ここからが一大論点、無権代理と相続というものに入ります。

無権代理の多くは、親子間でされます。親が本人、無権代理人が馬鹿息子、そういったケースが多いのです。

ここで、無権代理行為をした後本人が死んだ場合、代理人が死んだ場合を見ていきます。

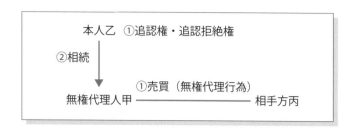

　本人乙が父で、無権代理人甲が馬鹿息子、そしてこの馬鹿息子が、勝手に親の
土地を売ってきてしまいました。

　本人の乙には、追認権、拒絶権が発生します。その後、乙は甲の無権代理を知
り、ショックのあまり死んだのです。

　すると甲には、土地の所有権が降りてくるし、追認権と拒絶権も降りてきます。

これは、ひどいですね。

自分で売っておいて、やっぱり売るのはやめるなんて行動は許せません。

これを封じるために、判例は、地位融合という理屈で処理します。

本人と無権代理人の立場が同じ人のところに行く
→　地位融合　→　当然に有効

　**本人の立場と無権代理の立場が同じ人に行ったら、それが合体して、有効にな
るんだという理屈を作りました。**

　今回はまさにその事例に当たり、本人の立場が無権代理のところに来て、有効に
なるので、甲は土地を丙に渡すことになります。

この事案ですが、2つほど、応用事例があります。

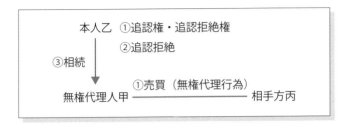

先ほどと似ていますが、こちらは相続が起こる前に、乙が追認拒絶をしています（**追認拒絶をして、死んでいる**のです）。

追認拒絶をすることによって、法律効果は拒絶で決まりです。

そのため、この甲は追認拒絶をしているといったことを主張して、丙からの引き渡しを拒むことができます。

拒絶をする前に死んだか、拒絶をした後に死んだかで結論が全く違いますので、注意してください。

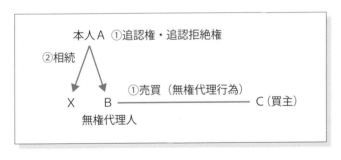

もう1つの応用は相続人が2人いる場合です。相続人が2人いるという場合で、なおかつ拒絶権を使わないで死んだという場面です。

ここで判例が勝手にとった理屈は、信義則という理屈です。

拒絶権を使うことが、人としてありか（卑怯ではないか）？という観点です。

無権代理をやらかしたBが、拒絶権を使うのは、卑怯ですね。

一方、Xというのは全く関係ないから、拒絶権を使うのはありです。

次に判例が取った理屈が、**追認権と拒絶権は分けて使うことができない、使うなら全部使う、使わないなら全部使わないとしなさい**ということです。

2分の1だけ使うということはできません。

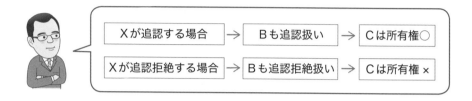

Xが追認した場合は、Bも追認となり、Cは所有権を取得できることとなります。一方、Xが拒絶したら、Bも拒絶とするしかない。そのため、Cは所有権を取得できない。

この所有権×というのは、一切取得できないということです。

Bの相続分だけ、Cに行くことにもならないのです。

（**オールorナッシング。全部か全くなしのどちらか**になると考えましょう）。

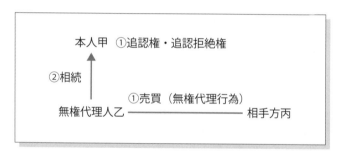

Point

信義則 →	甲は追認拒絶〇
117条 →	甲が相続で承継

今回死んだのは、無権代理人です。

判例はここで、**地位融合という考えを採りません**でした。

地位融合の考えでいくと、今回は有効になってしまいます。無権代理をやられた本人甲が不利な結果になってしまうので、地位融合という理論を使わずに、信

義則という理屈を使いました。

甲が追認拒絶権を使うのは人としてありか、というと、**甲は被害者ですから別に拒絶権を使うことは問題ありません**。そのため、甲は追認拒絶ができるのです。

ただ、もう1つ結論があります。
それは乙は、無権代理をしたので、117条責任を負う。

→　乙が117条責任を負った状態で死んだ
→　その117条の義務が甲に降りていく
→　だから甲は117条責任を負わされるという点です。

結論、2つ押さえてください。
本人甲は追認拒絶はできるけど、**117条責任が待っているという点です**（その117条責任が嫌であれば、相続放棄をすればいいだけです）。

問題を解いて確認しよう

1	Aの子Bが、Aから代理権を与えられていないにもかかわらず、Aの代理人と称してCとの間で土地売買契約を締結した場合、その後Aが死亡し、Bが単独で相続人となったときは、Bは追認を拒絶することができる。〔4-7-オ（9-21-イ、13-3-ア、20-6-ア）〕	×
2	Aが、実父Bを代理する権限がないのに、Bの代理人と称してCから金員を借り受けた場合において、Bが死亡し、AがBの子Dと共にBを相続した場合、Dが無権代理行為の追認を拒絶しているとしても、Cは、Aに対し、Aの相続分の限度で貸金の返還を請求することができる。〔13-3-ウ（20-6-ウ）〕	×
3	Aが、実父Bを代理する権限がないのに、Bの代理人と称してCから金員を借り受けた場合において、Bが死亡し、AがBの子Dと共にBを相続した場合、Dが無権代理行為を追認したときは、Cは、A及びDに対し、貸金の返還を請求することができる。〔13-3-エ〕	○
4	本人が無権代理人を相続した場合であっても、無権代理行為の追認を拒絶したときには、本人は無権代理人が相手方に対して負うべき履行又は損害賠償の債務を相続することはない。〔6-4-オ（20-6-エ）〕	×

2周目はここまで押さえよう

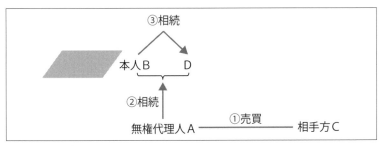

上記のような権利関係でした。Cの心境を考えてみましょう。

①の売買が無権代理と分かったとき
C「えーー、やられた！！！」

②Aが死亡して相続があった
C「えっ、無権代理した張本人が死んだの。これからどうなるの」

③本人まで死亡した
C「本人まで死んだの。もう訳が分からないよ…」

相手のCにこれ以上の迷惑をかけるべきではないでしょう。
　判例は、③の相続において無権代理の立場を承継したDが、本人Bの立場を承継したという理論構成（本人が死亡して無権代理人が相続した）を使って、今回の行為は効果帰属するものとしました。

☑1　Aが、実父Bを代理する権限がないのに、Bの代理人と称してCに不動産を売り渡した場合において、Aが死亡し、B及びAの母親Dが共同相続した後、Bが追認も追認拒絶もしないまま死亡し、DがBを単独相続した場合、Dが追認することを拒絶しても何ら信義則に反しないため、BC間の売買契約は当然に有効となるものではない。　　×

〔20-6-オ改題〕

第5節　表見代理

```
本人A


無権代理人B ─────────── 相手方C
        売買（無権代理行為）
```

無権代理になった場合は、本人に効果帰属はしません。
ある意味Aの保護です。

ただし、**Bが無権代理をしたことについて、A自身にも落ち度があったといった場合は、Aの保護の要請が落ち、Cの保護の方が優先**され、効果帰属させることにしました。
無権代理だけど本人側に落ち度があるから、効果帰属する、これが表見代理というものです。

どんな落ち度がある場合に表見代理になるのか、条文で3つパターン化しています。
まず109条を見てください。

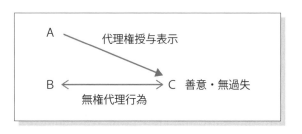

　ＡＢが代理権授与をするかどうかで交渉しています。

　その交渉途中なのですが、ＡがＣに会ったので、Ｃに伝えておいたのです。

　その後、ＡＢ間の交渉が決裂しました。

　ここで、頭にきたＢが腹いせで「自分は代理人Ｂです」と言って、Ｃに申込み
に来ました。

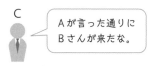

　Ｃは信頼して契約してしまいました。

　無権代理が行われ、Ｃが信頼しています。

　そして、Ａに落ち度があります。代理権をあげていないのに、代理権をあげた
と伝えたことです。

　この場合には、代理権がなくてもＡに効果帰属することにしました。これが
109条です。

ちなみに、109条の要件は、次の3つです。前の図と見比べながら見てください。

覚えましょう •

　109条の表見代理が成立する要件
　① 代理権授与表示がされている
　② 無権代理行為がされている
　③ Cの善意無過失（Bが無権代理だと知らない、そして知らないことについて落ち度がない）

112条（代理権消滅後の表見代理等）
　他人に代理権を与えた者は、代理権の消滅後にその代理権の範囲内においてその他人が第三者との間でした行為について、代理権の消滅の事実を知らなかった第三者に対してその責任を負う。ただし、第三者が過失によってその事実を知らなかったときは、この限りでない。

　AがBに代理権をあげました。委任状も渡してあります。

　この後、Bの代理権がなくなったようです。ただこのAが委任状を回収していませんでした。

　この後、Bがこの委任状を悪用し、「私は今でもAの代理人だ」と言って、Cと取引をしてしまったのです。

　ここで、Cが善意無過失、つまり信じたことに落ち度がなかったという場合、このBC間の取引はAに効果帰属します。

これが112条の表見代理というものです。

112条の表見代理が成立する要件
① 無権代理人が、かつて代理権を有していたこと
② かつて有していた代理権の範囲内での無権代理行為であること
③ 相手方の善意・無過失

上に112条の要件が載っているのですが、この中に「このCがかつてBと取引したことがある」が入っていません。つまり、要件にしていないのです。

CがかつてBと取引をしたことがあるのであれば、Aの代理人だということを信用しやすくなります。

ただ、**取引したことがあるというのは、善意無過失の有力情報の1つであって、112条の必須要件ではありません**ので注意してください。

110条（権限外の行為の表見代理）
　前条第1項本文の規定は、代理人がその権限外の行為をした場合において、第三者が代理人の権限があると信ずべき正当な理由があるときについて準用する。

この110条は、全くの無権代理ではなく、代理権は与えていたのですが、実際にやった行為がそれを飛び越えていた場合を想定しています。

```
        代理権    ████████████
     行った行為    ████████████████████
```

与えた代理権を超えた場合が、この110条が想定しているところです。
具体例を見ましょう。

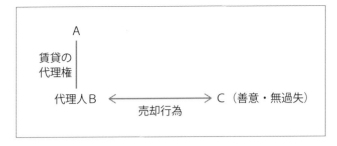

　AがBに対して「貸してこい」という代理権を与えています（これを基本代理権と呼びます）。ただ、Bが、代理権を超える売買契約をしてきたのです。

　ここで、Cが、「このBには売る代理権がある」と信じて取引をした場合、Aに効果帰属する、これが110条の表見代理の典型例です。

 覚えましょう

110条の表見代理が成立する要件
① 基本権限（基本代理権）の存在
② 越権の代理行為
③ 相手方の善意・無過失

　ここで重要な要件が①代理権があるということです。

▶ Point

　本条の基本代理権たるためには、厳格な意味での「代理権」（私法上の法律行為の効果を本人に帰属させる権限）でなければならない。

　この代理権というのは、**取引の代理権じゃないといけません。**例えば「貸してこいと言ったのに、売ってきた」これなら要件をクリアしますが、「印鑑証明書を取ってきてくれといったところ、取った印鑑証明書を悪用して、本人の不動産を売ってくる」といった事案では、この110条は使えません。

　取引する内容の代理権でないとダメだということです。

この絡みで1つ重要な過去問があります。まず前提知識を説明します。

> **761条（日常の家事に関する債務の連帯責任）**
> 夫婦の一方が日常の家事に関して第三者と法律行為をしたときは、他の一方は、これによって生じた債務について、連帯してその責任を負う。ただし、第三者に対し責任を負わない旨を予告した場合は、この限りでない。

ＡＢ夫妻の妻Ｂがお米屋さんに行き、「すみません。お米を10キロ売ってください。代金は、うちで払いますね」という契約をしてきました。

米屋さんがＢさんの家に行ったところ、Ｂは不在で、夫Ａがいました。

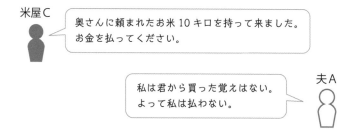

これはおかしいですね。

お米屋さんにしてみれば、Ａ家に売ったという感覚があります。だからこの夫Ａに代金請求できて良いはずです。

結論は次の図です。

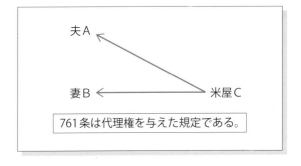

米屋は代金債権をAとBに対して持ちます。

これを規定したのが、761条という条文です。**日常家事に関しては、妻（夫）は夫（妻）の代理権を持っている**ことにしているのです（だから妻が代理すれば、夫に効果帰属することになります）。

これをもとに有名な判例を説明します。

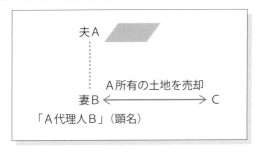

妻が、代理権を与えられていないのに、夫Aの代理人Bと言い、夫の不動産を売りました。

Cは、Bは夫から頼まれたんだろうなと信用して買ったのですが、後々になって、「夫から代理権を与えられていない」ということが分かりました。

C側が110条を使って訴えました。

「妻には日常家事の代理権がある。

　→今回やったのは不動産の売り買い

　→これは日常家事を超える内容である

　→代理権を超えて代理行為をしたんだから、110条で保護されるはずだ」

と訴えたのです。

このＣの保護の仕方については、考え方が２つあります。

110条直接適用説	110条趣旨類推説
「妻に〇〇することに代理権がある」ことを第三者が信頼すれば保護される	「〇〇することは、この夫婦の日常家事である」ことを第三者が信頼すれば保護される

表の左側を見てください。

まさにこれが今Ｃが主張したこと、「妻に夫の土地を売ることの代理権がある」ということを信頼すれば、保護されるんだという立場です。

判例はこの立場ではなく、右側の立場をとっています。

この判例の立場だと

> お米を買うことが日常家事だと信頼すれば、Ｃは保護される
> 土地を売ることが日常家事だと信頼すれば、Ｃは保護される

ことになります。

お米を買うことが日常家事だと信頼すれば、Ｃは保護される
→　これはありそうですよね。

土地を売ることが日常家事だと信頼すれば、Ｃは保護される
→　ＡＢがよほどの大富豪でなければあり得ません。
そのため、Ｃは保護されない、つまりＡが保護されることになります。

判例は、高額な財産が勝手に売られないようにしたいという観点からこの理論を作ったのではないかと思われます。

本試験で出た場合、何を信頼すれば保護されるかという点を判断するようにしてください。

では表見代理、最後の論点にいきます。

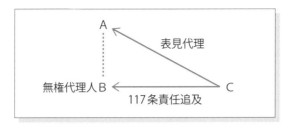

今、109条の表見代理が成立し、さらに、117条の要件もクリアしていました。では、この場合、この2つの関係はどうなるのでしょうか。

ある学説の考え方（判例ではありません）
相手方は、表見代理を主張すべきであり、無権代理人の責任を追及することはできない。
→　無権代理人が表見代理の成立を理由に自己の責任を免れることができる。

Cが求めていたのは、もともとはAとの間での効果帰属のはずです。

だったら、表見代理が成立するのであれば、自動的に表見代理処理で終わりでいいのではないかということです。

確かにそれは分かるのですが、これは不当な結論をもたらします。

それは、**CがBに請求した場合に、**

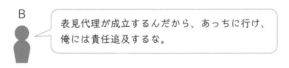

表見代理が成立するんだから、あっちに行け、俺には責任追及するな。

という言い訳を認めることになるのです。

表見代理という制度が、無権代理人が逃げる手として使われる、これでは表見代理を認めた趣旨に反します。

次が判例の立場です。

相手方は、表見代理と無権代理人の責任を選択的に主張することができる

→無権代理人が表見代理の成立を理由に自己の責任を免れることはできない

　表見代理というのは、相手方Ｃを保護する制度であって、無権代理人を保護する制度ではありません。

　だからどっちにするか**選択できるのは、相手方の方**です（訴訟で勝ちやすい方を選ぶのが通例です）。無権代理人Ｂが選択して、本人に請求しろなんてことは言えません。

問題を解いて確認しよう

1	Ｂの妻Ａは、Ｂの実印を無断で使用して、Ａを代理人とする旨のＢ名義の委任状を作成した上で、Ｂの代理人としてＢ所有の土地をＣに売却した。この場合、Ａに売却の権限がなかったことにつきＣが善意無過失であったときは、Ｃは、当該土地の所有権を取得することができる。〔18-4-4〕	×
2	妻が夫の代理人として第三者とした法律行為は、妻が夫から特に代理権を与えられておらず、かつその法律行為が日常の家事に関するものでない場合であっても、第三者において、その行為がその夫婦の日常の家事に関する法律行為に属すると信ずるにつき正当の理由があるときには、夫に対して効力を生ずる。〔6-4-ウ〕	○
3	無権代理人は、相手方が無権代理人に対して民法第117条の規定によりした履行請求に対して、表見代理が成立することを主張・立証して自己の責任を免れることはできない。〔6-4-イ（14-2-ウ）〕	○

×肢のヒトコト解説

1　判例は、「売却が日常家事だと信じた」場合に保護します。本肢の「売却の権限がなかったことにつきＣが善意無過失」という記載は、「売却の代理権があるということを信じた」ということを意味しています。

第8章 条件・期限

この条件期限というのは、契約にオプションで付けたリミットです。
条件については、停止条件と解除条件の違いをしっかりと押さえることが重要です。
一方、期限については期限の利益の考え方を押さえることが重要になります。

第1節 条件

覚えましょう

停止条件
法律行為の効力発生に関する条件
条件が成就すると、その時から将来に向けて法律行為の効果が発生する

---

ex. AはBに対して、司法書士試験合格を停止条件として、自動車1台を贈与する。(停止条件付贈与契約)

AB間で贈与契約、自動車をあげるという契約をしました。まだこの時点ではもらえず、合格するという条件が叶うと、やっと所有権がもらえます。

こういう条件を停止条件といいます。

効力発生を止めておく条件ということで、停止条件といいます。

条件にはもう一つのタイプがあります。

解除条件
法律行為の効力消滅に関する条件
条件が成就すると、その時から将来に向けて法律行為の効果が消滅する

---

ex. AはBに対して、令和○○年の司法書士試験不合格を解除条件として、自動車1台を贈与する。(解除条件付贈与契約)

契約時に効力が生じ、所有権がやってきます。ただこの後、条件が成就すると、所有権移転の効果がなくなります。

条件が成就すると、キャンセル扱いになる、こういう条件を解除条件といいます。

127条(条件が成就した場合の効果)
1　停止条件付法律行為は、停止条件が成就した時からその効力を生ずる。
2　解除条件付法律行為は、解除条件が成就した時からその効力を失う。

ポイントは、いつ効力が生じるか、いつキャンセルになるかです。

条件成就の時に所有権移転、条件成就の時にキャンセル扱いとなります。
初めから所有権を持っていたという扱いにはならないし、初めから契約はなかったという扱いにもなりません。

民法の勉強をしていると遡及効というものが多いので、だんだん何でもかんで

も遡及効のように見えます。

ただ、ものによっては遡及効でないものもあります。**遡及効でないものは、強く意識して覚えておきましょう。**

> **130条（条件の成就の妨害等）**
> 　条件が成就することによって不利益を受ける当事者が故意にその条件の成就を妨げたときは、相手方は、その条件が成就したものとみなすことができる。

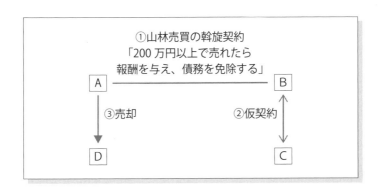

　AがBと山林売買のあっせん契約をしていて、条件を付けています。報酬が貰えることに対して、「200万円以上で売れたら」という停止条件を付けているのです。

　その後、Bが頑張って、Cとの間で仮契約までもっていきました。
　ここでBに払うことになるお金を惜しんで、AはDに売りDが登記しました。この結果、Bは、仮契約から本契約にできません。
　今、AはBに報酬100万円を払わないぞと主張しています。

こういうのを、卑怯者と言います。
　こういった卑怯者を防ぐための条文が130条、**趣旨は信義則（人として汚いぞ）**です。

　条文の要件・効果は
　要件　「故意に条件成就を妨げた」

効果　「成就したとみなす」

となっています。まさにAは、条件成就を妨げているので、効果として、成就したとみなすという処理になり、報酬を払うはめになります。

> **130条（条件の成就の妨害等）**
> 2　条件が成就することによって利益を受ける当事者が不正にその条件を成就させたときは、相手方は、その条件が成就しなかったものとみなすことができる。

```
                    和解契約
        X ─────────────────────── Y
          「Xは、Yが特許を持っている
          Aピンを使用した商品を作らない。
              もし作成した場合には、
            Yに金1,000万円支払う。」
```

XとYで特許がらみで紛争になっていました。

Yが特許を持っているものを、Xが勝手に使っていたため、揉めごとになり、「もうこんなことはするんじゃないよ。もう1回やったら1,000万円払ってもらうからな」という示談をしました。

今すぐ1,000万円払う必要はありませんね。作成したら1,000万円払う。効力発生をストップしていますので、停止条件を付けているのです。

```
                和解契約
    X ─────────────────────── Y　→XにAピンを使うよう仕向ける
```

この後、Yが、自分の従業員を客としてXの方に向かわせて、X側に、無理やりこの特許を使った商品を作らせたのです。

作らせた後、YがXにそれを持って行き、「また勝手に使ったね。よって1,000万円払いなさい」こんなことを請求しました。**まさに卑怯者ですね。**

条文の要件、効果は

要件　「不正に条件を成就させた」

効果 「条件が成就しなかったとみなす」となっています。

本事例は、まさにこの要件をクリアしているので、成就しないと主張できます。

以上が130条というもので、この130条が出たら信義則、卑怯者かどうかという点で見るようにしてください。

> **132条（不法条件）**
> 　不法な条件を付した法律行為は、無効とする。不法な行為をしないことを条件とするものも、同様とする。

変な条件を付けたら有効なの無効なの？という話をしていきます。

まず初めの条文ですが、法に反するものを条件にした場合です。殺人を条件にしたらどうなるのでしょうか。

> 殺人したら金をやる。
> →　無効

これはだめなのは分かるでしょう。

> 「いつも殺人ばっかりして!!　もう今回殺人しなかったらお金あげますよ」
> →　無効

これもだめなんです。

条文を見てください。不法行為を「しない」条件でも無効としているのです。

> **134条（随意条件）**
> 　停止条件付法律行為は、その条件が単に債務者の意思のみに係るときは、無効とする。

この随意条件というのは、**気が向いたらというニュアンス**です。

ここでいう債務者というのは、債権債務の債務者というよりは、不利益を受ける人だと思ってください。

条文が想定している事例は、下記のとおりです。

Aの気が向いたらAはBに金10万円を贈与する（停止条件付贈与契約）
→　無効

不利益を受けるのはAです。このAの気が向いたら金をあげるという条件は意味がありません。

Aは気が向かなければ、いつまでたっても10万円を払いません。
払う立場のAがいつまでたっても気が向かないということがありえます。
結局契約をしても、Aに対する拘束がほぼないのと同じ、だったらやる意味がないだろうということで無効にしています。

Bの気が向いたらAはBに金10万円を贈与する（停止条件付贈与契約）
→　有効

これはB側が、「すぐ頂戴」と言ってくる可能性は高いですよね。Aが契約に拘束されてお金を払う可能性は高いので、有効と扱います。

AはBに金10万円を贈与するがAの気が向いたら返す（解除条件付贈与契約）
→　有効

とりあえずお金を渡しますよね。契約内容に従ってお金を渡すというふうにAは拘束されるので、これも有効です。

条文で覚えなくてはならない箇所は2つです。
「停止条件」というところと、あとは、「債務者の意思のみ」というところです。**この2つをクリアした場合だけ無効で、あとは全部有効と処理**しましょう。

この後、133条と131条を見ていきますが、ここの処理は、無効か無条件だけです。ただ、ここの無効、無条件のニュアンスが難しいところです。

Point

無効と無条件

「○○したら、××契約をする」

『○○したら』が無効になる場合　→　無条件

「○○したら、××契約をする」の契約全て無効になる　→　無効

　無条件というのは、日常会話と若干違います。条件を付けなかったのと同じ、これが無条件というニュアンスです（条件の部分が無効になる、という方が分かりやすいかもしれません）。

133条（不能条件）
1　不能の停止条件を付した法律行為は、無効とする。
2　不能の解除条件を付した法律行為は、無条件とする。

　あり得ないことを条件にする、これを不能条件といいます。

　例えば、太陽が西から昇るというありえないことを条件にしたらどうなるのでしょうか。

太陽が西から昇ったら10万円やる

→　無効

　契約をする

→この時点で10万円は貰えない

→西から昇ったら貰えるが、でもそんなことはありえない

→ずっと貰えない

→つまり、効力は生じない

そのため、この**契約全体が無効**となります。

建物を貸してやる。太陽が西から昇ったら返せ。

→　無条件

　これは解除条件になっています。

第3編　民法　総則　◆　第8章　条件・期限

建物はまず借りられ、西から昇るという条件をクリアすればキャンセル扱いになります。ただ、西からということはあり得ないから、キャンセルされることはおきません。

この場合は、**条件の部分だけ無効になり、単に「建物を貸してやる」として処理**します。

131条（既成条件）

　条件が法律行為の時に既に成就していた場合において、その条件が停止条件であるときはその法律行為は無条件とし、その条件が解除条件であるときはその法律行為は無効とする。

この既成条件というのは、既に成就か不成就かが分かっている、そんなことを条件にした場合を指します。

ＡＢ間で「Ｂが今回の司法書士試験に合格したら、ＡはＢに対して金10万円をあげる」という契約を締結した（停止条件付贈与契約）。
→　しかし、契約当時、合格発表は既になされており、Ｂは合格していた
→　無条件の贈与契約

停止条件が付いていて、しかも条件は契約前に成就しています。

すると、契約した瞬間に効力が生じますよね。

この場合も、**条件の部分だけ無効**になり、単に「ＡはＢに対して金10万円をあげる」として処理します。

ＡＢ間で「Ａ所有の建物をＡはＢに無償で貸す。今回の司法書士試験にＢが合格だったら、ＢはＡに建物を返す」という契約を締結した（解除条件付使用貸借契約）。
→　しかし、契約当時、合格発表は既になされており、Ｂは合格していた
→　使用貸借契約は無効

契約の前に、キャンセルの条件をクリアしています。

そのため契約した瞬間にキャンセル扱いになって、**契約全体が無効**ということになります。

131条（既成条件）
2 　条件が成就しないことが法律行為の時に既に確定していた場合において、その条件が停止条件であるときはその法律行為は無効とし、その条件が解除条件であるときはその法律行為は無条件とする。

ＡＢ間で「Ｂが今回の司法書士試験に合格したら、ＡはＢに対して金10万円をあげる」という契約を締結した（停止条件付贈与契約）。
→ 　しかし、契約当時、合格発表は既になされており、Ｂは不合格であった
→ 　贈与契約は無効

契約時点でも条件が成就しないということが分かっています。

結局、**契約をしても絶対成就しないから、効力が生じません**。だから無効で処理します。

ＡＢ間で「Ａ所有の建物をＡはＢに無償で貸す。今回の司法書士試験にＢが合格だったら、ＢはＡに建物を返す」という契約を締結した（解除条件付使用貸借契約）。
→ 　しかし、契約当時、合格発表は既になされており、Ｂは不合格であった
→ 　使用貸借契約は無条件

契約の前に条件が成就しないという状態になっている。つまり、キャンセルされることは絶対ないということです。

この場合は、**条件の部分だけ無効になり、単に「Ａ所有の建物をＡはＢに無償で貸す」として処理**します。

--- 問題を解いて確認しよう ---

1 　解除条件付法律行為がされた場合において、その条件が成就したときには、その法律行為は、その法律行為の時にさかのぼって効力を失う。　〔59-4-1（17-6-ア、21-4-オ）〕　×

2 　条件の成就によって利益を受ける当事者が信義則に反するような方法で条件を成就させた場合には、条件の成就によって不利益を受ける当事者は、条件が成就していないものとみなすことができる。　〔21-4-ウ改題〕　○

3	Yは、Xとの間で、X所有の甲カメラが壊れたら、Y所有の乙カメラをXに贈与する旨を約した。その後、Xは、Xの妻であるAに甲カメラを壊すように依頼し、Aが故意に甲カメラを壊した。この場合、XのYに対する、乙カメラの引渡し請求は認められる。〔24-5-イ改題〕	×
4	法律行為の当時、停止条件の不成就が既に確定していた場合に、当事者がそれを知らなかったときは、無条件の法律行為となる。 〔2-16-5（17-6-オ）〕	×
5	不法行為をしないことを停止条件とする法律行為は、無効である。 〔2-16-4（17-6-イ）〕	○
6	贈与契約に贈与者が欲するときは、贈与した物を返還するものとする旨の条件を付したとしても、その贈与契約は有効である。 〔59-4-4（17-6-ウ）〕	○

------ ✕肢のヒトコト解説 ------

1 条件成就の効力は遡及しません。

3 故意に条件を成就させる信義則に反する行為をしています。そのため、条件成就と認めません。

4 条件が成就して効力が生じることが絶対にありません。そのため、ずっと効力が生じないことになるので、契約全体が無効になります。

第2節 期限

次は期限というものです。

これも条件と同じく、契約につけるオプションです。

```
・  来年の司法書士試験に合格したら金を返せ
・  2040年3月1日に金を返せ
・  自分の父が死亡したら金を返せ
```

いずれも、一定の状況をクリアするとお金を返すことになります。

〈条件と期限の見分け方〉

到来することが ── 不確実 → 条件

確実
↓
期限 ── いつ到来するか分かる → 確定期限

いつ到来するかわからない → 不確定期限

一定の状況が来ることが確実なのか、そうではないかで枝分かれします。

来るかどうかわからなければ、これは条件です。

一方、**来るのが分かっているのは期限**となります。

そして、その期限の中にも、いつ来るかまで分かっているか、いつ来るかが分からないかで枝分かれです。

いつ来るかまで分かっているというものは、確定期限といいます。

一方、**いつ来るかまではわからない。でも絶対いつか来るというものは、不確定期限**といいます。

・　来年の司法書士試験に合格したら金を返せ

合格するかどうかは不確実です。だからこれは、条件になります。

・　2040年3月1日に金を返せ

2040年というのは絶対に来ます。

そしていつ来るかもカレンダーを見ていけば分かります。

来るのは確実だから期限、そしていつ来るかも分かるから、確定期限となります。

> ・　自分の父が死亡したら金を返せ

人間はいつか死にます。これは必ず来ることなので期限です。

ただ**それがいつ来るかはわかりません**。だからこれは、不確定期限です。

ここでよく出てくる判例があります。それが、出世払い特約というものです。

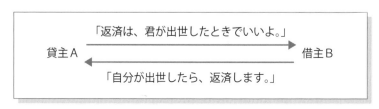

「返済は、君が出世したときでいいよ。」

貸主A　　　　　　　　　　　　　　　　　借主B

「自分が出世したら、返済します。」

一般的にはこの出世払い特約というのは、贈与契約です。

ただ、判例になった事案は、お互いに借金契約の意思があったのです。

では、今回のオプションを条件と考えるべきでしょうか、期限と考えるべきでしょうか。

これを条件と考えると、まずい事態が起きます。

「出世したら返す、出世しなかったら返さなくていい」となり、**借金でなく、贈与になってしまう**のです。

判例は、お互いの意思が借金だった場合は、この**オプションは期限と考えました**。

お互いの意思が借金
→　不確定期限　「出世したら返す」
　　　　　　　　「出世しないことが確定したら返す」

これはお互いの意思が借金だということが前提です。

その場合は**返済が必ず起きるように、無理やり不確定期限ということにしてい
ます。**

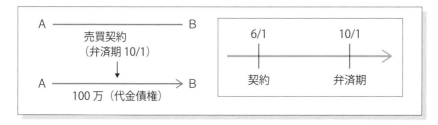

売買契約をして、代金を払うのは10月1日でいいよと決めました。

この10月1日というのは必ず来るし、いつ来るかも分かるから、確定期限と
呼ばれるものです。

この場合、100万円の債権はすぐに発生します（10月1日に発生するのでは
なく、契約時にすぐ発生します）。

ただ、請求できるのが10月1日だというだけです。

136条（期限の利益及びその放棄）
1　期限は、債務者の利益のために定めたものと推定する。
2　期限の利益は、放棄することができる。ただし、これによって相手方の利益を
　害することはできない。

Bに利益あり　＝　10/1まで払わないで済んだ
→　Bは10/1前に自由に弁済できる

期限の利益という言葉があります。「期限があってよかった」という法的なメ
リットのことを言います。

今回これを持っているのはBです。

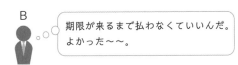

B

期限が来るまで払わなくていいんだ。
よかった〜〜。

　もし期限がなければ、このBは、今すぐ払うはめになりますが、期限があるから、今すぐ払わなくて済んでいます。

　期限があってよかったと思っているのはBなのです。

（A側は期限があるから請求できないという不利益を負っています。）

　そのため、Bが利益を放棄することは自由にできます。

　これを期限の利益の放棄といいます（**ほとんどの例で、「弁済期前に払います」ということを指します**）。

　ただ、利息特約が付いていると話が変わります。

預金債権（定期預金）

預金者A ─────────────→ 銀行B

1,000万円　弁済期は3年後

（利息の特約がある場合）

Bに利益あり　＝　3年後まで払わないで済んだ

Aに利益あり　＝　3年後まで利息が取れる

→　3年後までの利息を払えば、Bは今すぐに弁済できる

　預金者Aは、3年後まで利息が取れると期待しています。

　つまり、A側も期限があってよかったなと思っているのです。Aも3年後まで利息が取れるという利益を持っているのです。

　銀行Bが期限前だけど払うよということは、できます。

　ただ、Aは3年後まで利息が取れると思っているため、3年後までの利息を付けないと、銀行はAに払えません。

期限の利益の放棄というのは、弁済期前に払うということですが、**無条件で払えるのか、利息を付けなければならないのか、そこを見極めてください。**

> **137条（期限の利益の喪失）**
> 　次に掲げる場合には、債務者は、期限の利益を主張することができない。
> ① 債務者が破産手続開始の決定を受けたとき。
> ② 債務者が担保を滅失させ、損傷させ、又は減少させたとき。
> ③ 債務者が担保を供する義務を負う場合において、これを供しないとき。

期限の利益の喪失がおきると、「**もう弁済期はなしだ。今すぐ払え」という状態**になります。

ここに載っている1号から3号は、もう債務者が信用できないから今すぐ払えといった状況なのです。

2号の部分を強くイメージしておいてください。

Aの家に抵当権を設定していたら、Aがそれを壊しているといった場合です。

もうこんな債務者は信用できませんので、今すぐ払えと言えます。

問題を解いて確認しよう

1	債務者が出世した時に借金を返済するといういわゆる出世払の約定は、債務に停止条件を付したものである。〔21-4-ア改題〕	×
2	Xは、Aに対する貸金債権を有していたところ、その弁済をAが結婚するまで猶予するため、Aとの間で、その弁済期をAが結婚する時と定めた。その後、Aは結婚しないまま、死亡した。この場合、Xの、Aの唯一の相続人であるYに対する当該貸金債権の弁済請求は認められる。〔24-5-ア改題〕	○
3	債務者が、抵当権の目的物である不動産を損傷したときは、抵当権者は、被担保債権の弁済期の到来前であっても、抵当権を実行することができる。〔9-12-1（13-12-エ）〕	○

×肢のヒトコト解説

1 借金の意思がある場合には、この特約は不確定期限付として処理します。

◆ 条件・期限の比較 ◆

	条件	期限
親しまない 行為	① 身分行為 例) 婚姻、縁組、認知 ② 単独行為 例) 相殺、取消し、追認	① 親族法上の行為 例) 婚姻、縁組 ② 遡及効のある行為 例) 相殺
効力発生時期 (停止条件・始期 の場合)	条件成就の時から法律 行為の効力が発生する	期限到来時に効力を生ずる
合意によって遡及 させられるか	遡及できる	遡及できない

 「今年○○が優勝したら
結婚しよう」

 優勝したら　　　夫婦
優勝しなかったら夫婦にならない

　ありとあらゆる行為に条件、期限が付けられるわけではありません。例えば、上記のような身分行為には条件をつけることは許されません。
　これは身分行為という重要な行為が
条件が成就するかどうかで、どっちに転ぶか分からないという不安定な状態にしたくないからです。

 「今年○○が優勝したら
取り消します」

 優勝したら　　　取消し
優勝しなかったら取消しにならない

A　　　　　　　　　　　　B

　また、取消権の行使のような単独行為（一方的な意思）にも条件を付けることができません。

　条件を付けることによって、ＡＢの法律関係はどっちに転ぶか分からなくなりますが、
　Ａ：自分で条件を付けて、意思を発したのだから問題なし
　Ｂ：Ａの意思だけで、どっちに転ぶか分からない状態にされている
ため、Ｂにかわいそうな結果になるためです。

「5/1になったら結婚しよう」

　身分行為に期限をつけています。一見、勝手にやらせればいいように見えますが、認められません。

「5/1になったら結婚にして
ください」
　　　　　　　　　　　　　━━━━▶ 役所　「だったら、5/1に来てよ…」

　婚姻は、婚姻届を役所に届け出て行います。
　届を受け取る役所側としてみれば、日にちが決まっているのなら、その日に来てほしいと思うでしょう。
　こういった理由から、身分行為の大半には期限が付けられなくなっています。

「今年○○が優勝したら売買しよう」
　　（ただし、効力は本日まで遡及させる）

　本来、条件の効力は遡及しないものですが、当事者が好んで遡及させるのは何の問題もありません。

3月1日　「5/1になったら、売買しよう」
　　　　　（ただし、効力は本日まで遡及させる）

　上記の事例では、5/1に売買契約が成立して、その日に所有権移転などの効力が生じます。

　では、「効力は契約日の3月1日まで遡及させる」ということはできるでしょうか。

　答えはNOです。
　こんな面倒なことをせずに「本日3月1日に契約して、本日、効力を出します」とすればいいだけだからです。

✓ 1 教授：条件や期限を付することができない法律行為はあり
　　　　　ますか。　　　　　　　　　　　　　　　　　　　　　×
　　学生：例えば、婚姻や縁組、認知には、始期を付すること
　　　　　はできますが、条件を付することはできません。
　　　　　　　　　　　　　　　　　　　　　　　　　〔令2-6-ウ〕

　2 教授：では、訴訟外で相殺の意思表示をする場合に、その
　　　　　意思表示に条件や期限を付することはできますか。　　○
　　学生：訴訟外でする相殺の意思表示には、条件も期限も付
　　　　　することができません。〔令2-6-エ〕

　3 教授：条件の成就や期限の到来の効果を条件成就や期限到
　　　　　来の時以前に遡らせることはできますか。　　　　　　○
　　学生：条件については、当事者において、これが成就した
　　　　　場合の効果を成就した時以前に遡らせる意思を表示
　　　　　したときはその意思に従うことになりますが、期限
　　　　　については、その効果を期限が到来した時以前に遡
　　　　　らせることはできません。〔令2-6-オ〕

第3編 民法 総則 ◆ 第9章 時効

第9章　時効

令和7年本試験は
ここが狙われる！

ほぼ毎年出題される重要論点です。
ただ、ここは、民法のほとんどが学習し終わってから読むようにしてください。
色んなところの知識を使いますので、いきなりここだけ読んでも意味が分かりません。総則、物権、債権すべての学習が終わった後に読むようにしてください。

第1節　総説

> **145条（時効の援用）**
> 　時効は、当事者（消滅時効にあっては、保証人、物上保証人、第三取得者その他権利の消滅について正当な利益を有する者を含む。）が援用しなければ、裁判所がこれによって裁判をすることができない。

　期間が過ぎただけでは所有権を取得したり、債務がなくなったりすることはありません。

　私的自治の原則があるからです。

　そのため**援用という意思表示をすることで、権利を取得したり、義務を免れることにしています。**

　ではこの援用というものは、誰ができるのでしょうか。下記に載っているのが最高裁の基準です。

覚えましょう

援用権者
時効によって直接利益を受ける者（援用者の意思を尊重）

ここは、具体的な処理が分かるようにしてください。

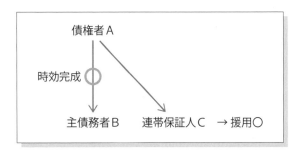

ＡＢ間の債権が時効完成しました。

すると、債務者Ｂは、時効の援用をすることができます。援用することだけで債務がなくなるという利益があるからです。

ただ、このＢ、援用しないままどこかに行ってしまいました。

連帯保証人のＣ、彼は時効の援用ができるでしょうか。

結論から言えば、**Ｃにも時効の援用権があります。**

もしＣが、Ｂの時効を援用すれば、ＡＢ債権（主債務）がなくなるので、保証債務もなくなります。結果として、**Ｃは自分の権利が守れるようになる**のです。

判例はこのように、時効を援用することによって、自分の権利が守れるようになる人にも時効援用権を認めています。

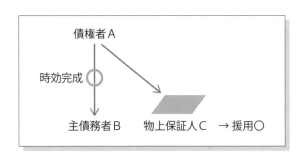

ＡからＢにお金を貸し抵当権を付けているという状態です。

この状態で、ＡＢ債権の時効が完成しました。でも、Ｂが援用しません。

この事例、**Cも独自に援用権を持ちます。**

　ＡＢ債権の時効を援用すれば、債権なければ担保なしで、抵当権がなくなるので、**Cは自分の所有権を守れることになる**からです。

債権者A　　　　　債権者C　→ 援用 ×

　　　　　　　　　　　　　　　　　ただし、債権者代位の余地あり

100 万円

（時効完成）　　　　100 万円

主債務者B　全財産 100 万円

　同じように、ＡＢ債権が時効完成しました。

　Ｂが援用しません。ここで、Ｂの他の債権者のＣが援用できるでしょうか。

　結論としては、**C独自の援用権はありません。**

　この援用しなくても、Cは平等配当が受けられます。**援用しなくても配当はもらえるため、C独自の援用権を認めていない**のです。

　ただ、Ｂが無資力であれば別の手段があります。**債権者代位**です。

　Ｃの債務者Ｂが、援用権を持っています。そこでＣはＢに代位して、Ｂの援用権を使えばいいのです。

債権者A

時効完成 ◯

　　　　　　　　詐害行為

主債務者B ━━━━━━━━▶ 受益者C　→ 援用◯

　ＢからＣに詐害行為をしていて、Ｃが不動産をもらっています。

　ただ、ＡＢ債権が時効完成しています。

　この事例では、Ｂだけでなく、**Cにも援用権が認められます。**

時効の援用をしないと、Aが詐害行為取消しでCの不動産の所有権を否定してきます。

一方、もしCが時効を援用すれば、Aは債権者でなくなりますから、詐害行為取消しができなくなります。

自分の権利が守れるようになるので、Cにも独自の援用権を認めているのです。

問題を解いて確認しよう

1	抵当不動産の第三取得者は、主債務の消滅時効を援用できないが、物上保証人は援用できる。〔13-11-ア改題〕	×
2	他人の債務のために自己の所有物件に抵当権を設定した物上保証人は、その被担保債権が消滅すると抵当権も消滅するので、被担保債権の消滅時効を援用することができる。〔20-7-イ〕	○
3	一般債権者は、執行の場合における配当額が増加する可能性があるので、他の債権者の債権の消滅時効を援用することができる。〔20-7-ウ〕	×
4	詐害行為の受益者は、詐害行為取消権を行使する債権者の債権が消滅すれば、詐害行為取消権の行使による利益喪失を免れることができるので、その債権の消滅時効を援用することができる。〔20-7-エ〕	○

×肢のヒトコト解説

1 物上保証人も、第三取得者も時効によって自分の権利を守ることができるので、援用権が認められています。

3 一般債権者には独自の援用権はありません（ただ、債務者の援用権を代位行使できる余地があります）。

2周目はここまで押さえよう

$$\text{建物所有者B} \xrightarrow{\text{賃貸}} \text{賃借人C}$$

建物所有者B ——賃貸—— 賃借人C　　Bの占有による時効完成
　　→占有　　　　　　　　　　　　　　→　Cが援用する×

土地所有者　A

　Aの土地につきBが建物を建てて占有していました。この建物は、Cに賃貸しています（Bは代理占有という形式で占有を続けています）。
　ここで、Bの占有が一定期間を過ぎ、時効完成しています。

　Bが時効の援用をしていないとき、建物を借りているCは援用できるでしょうか。
　結論はNOです。取得時効で所有権を取得して得するのはBなので、B以外には援用権を使わせないのです。

　たしかに、Bが所有権を取得すれば、Cの建物賃借権は安泰になります。ただ、Bが得した効果によって、Cの賃借権が安泰になるに過ぎないという事態であるため、Cに認めなかったようです。

　判例は、時効で直接利益を受けるものに援用権を認めます。今回のCのように、Bの時効のおかげで、恩恵を受ける人には認めない傾向があります。

> ☑ 1　建物の敷地所有権の帰属につき争いがある場合において、　× 　その敷地上の建物の賃借人は、建物の賃貸人が敷地所有権を時効取得すれば賃借権の喪失を免れることができるので、建物の賃貸人による敷地所有権の取得時効を援用することができる。〔20-7-オ（31-6-イ）〕

これで到達！　　合格ゾーン

> ☐ 被相続人の占有により取得時効が完成した場合、その共同相続人の一人は、自己の相続分の限度においてのみ、取得時効を援用することができる（最判平13.7.10）。〔31-6-エ〕
>
> ★自己が直接に受けるべき利益の存する限度でしか、時効を援用することができません。そのため、自己の相続分を超える分の援用は認められません。

146条（時効の利益の放棄）
時効の利益は、あらかじめ放棄することができない。

覚えましょう

時効の利益の放棄の要件
① 時効完成後であること
② 時効完成について、悪意であること

時効の利益の放棄、これは、時効の援用権を放棄する行為と思ってください。

条文に「あらかじめ」と規定しています。これは、**時効完成前という意味で**、ある意味当然です。

時効完成しなければ、援用権は生まれません。**生まれていないものは捨てようがない**のです。

また、もし事前に放棄ができるとしたら、お金を貸す人は下記のような書類にサインすることを要求するでしょう。

> **借用書**
> ・私は２００万円借ります。
> ・私は、時効という制度を使わないことを予め約束します。

LEC東京リーガルマインド 令和７年版 根本正次のリアル実況中継
司法書士 合格ゾーンテキスト **1** 民法Ⅰ

こういった理由から、**事前に放棄することは認めなかった**のです。

条文から読み取れませんが、もう1つ要件があります。

悪意であることです。

援用権を持っていることを知らなければ捨てられないため、悪意が要件となっているのです。

第3編　民法　総則　◆　第9章　時効

--- 問題を解いて確認しよう ---

| 1 | 債務者は消滅時効完成前に時効の利益を放棄することができない。〔元-2-イ（11-2-ア）〕 | ○ |

 2周目はここまで押さえよう

◆ 時効利益の放棄の効果 ◆

効果	時効の利益を放棄した後は、その時効の効果を援用することが許されないが、放棄後新たに時効期間が経過した場合には新たな時効が完成する。
相対性	時効利益の放棄の効果は相対的であり、他の者に影響を及ぼさない。

　時効が完成して援用権が発生したのちに、その利益を放棄すると、援用権が消滅します。

　そして、そこから、次の時効カウントがスタートします。

　時効の利益の放棄というのは、「自分は金輪際、時効の利益を受ける気はありません」という強度なものではなく、単に援用権を捨てる行為にすぎず、そこから次の時効が始まるのです。

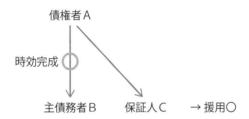

前の図の状態で、ＡＢ間の時効が完成すればＢとＣに援用権が発生します。
ここで、Ｂが援用権を放棄しても、Ｃの援用権には影響がなく、Ｃが援用す
ることは可能です。

　これが時効の利益の放棄の相対効というもので、「放棄の効力はその人に
のみ、生じる。他人には影響を与えない」というものなのです。

　実は、この話、「主債務に起きた事件は、ことごとく保証債務に生じる」
という性質（保証債務の付従性）の数少ない例外になっています。

✓ 1	債務者がいったん時効の利益を放棄した後であっても、時効の利益を放棄した時点から再び時効は進行するので、再度時効が完成すれば、債務者は、時効を援用することができる。〔11-2-オ改題〕	○
2	連帯債務者のうちの一人が時効の利益を放棄した場合には、他の連帯債務者にもその時効の利益の放棄の効力が及ぶので、他の連帯債務者も、時効の援用をすることができなくなる。〔24-6-オ改題〕	×
3	主たる債務者がなした時効利益の放棄は、保証人に対しても効力を生ずるので、保証人は、時効を援用することができない。〔5-3-ア（13-15-ア、29-6-ウ）〕	×

▶ Point

時効の更新

時効の進行中にそれをくつがえすような事情が発生した場合に、それまで
に経過した期間を全く無意味にすること

　これは**時効カウントをリセット**する制度です。この後、またカウントを取り直
します。

　これと似た制度があります。

Point

時効の完成猶予

時効完成時点において時効更新措置を採ることが類型的に困難な場合に、時効の完成を一定期間猶予する制度。

名前のとおり、期間は経っているけど「時効完成させないでおこう」というイメージです。**更新と違ってカウントがリセットされるわけではありません。**

次の条文を使って、説明していきます。

147条（裁判上の請求等による時効の完成猶予及び更新）
1　次に掲げる事由がある場合には、その事由が終了する（確定判決又は確定判決と同一の効力を有するものによって権利が確定することなくその事由が終了した場合にあっては、その終了の時から6箇月を経過する）までの間は、時効は、完成しない。
① 　裁判上の請求
（一部省略）
2　前項の場合において、確定判決又は確定判決と同一の効力を有するものによって権利が確定したときは、時効は、同項各号に掲げる事由が終了した時から新たにその進行を始める。

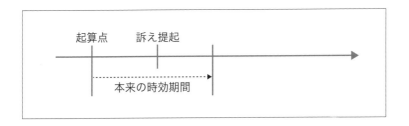

時効の起算点から時効のカウントが始まり、そろそろ時効完成になりそうでした。そこで、債権者が債務者に対して訴えを起こしました。

これにより、たとえ10年経ったとしても、時効の完成扱いをしなくなります。これが、時効の完成猶予という制度です。

10年経ったけど、時効完成をしないでおく

このように考えるといいでしょう。

ちなみに、この訴訟で勝った場合は、以下のようになります。

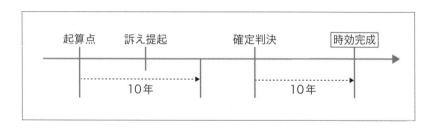

　判決が確定した時点で、時効のカウントがリセットされ、ここから時効のカウントをし直します。このようなリセットする機能を、時効の更新と呼びます。

　一方、この訴訟で勝訴判決まで行かないで終わった場合は（例えば、訴えを取り下げるなど）、以下のようになります。

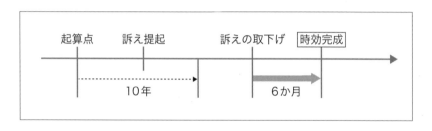

　この場合は、時効の更新の力を与えません。取り下げてから、6か月までは時効完成を待ってあげるという完成猶予の力だけになります。

　このように**裁判上の請求**には、「**完成猶予**」と「**時効の更新**」の2つの効力があります。

問題を解いて確認しよう

〈その①〉

| 1 | 売主が代金支払請求訴訟を提起した後にこれを取り下げた場合、売買契約に基づく代金支払請求権につき消滅時効の完成猶予の効力は生じない。〔オリジナル〕 | × |
| 2 | 代金支払請求権の存在を買主が承認した場合、売買契約に基づく代金支払請求権につき消滅時効の完成猶予の効力は生じない。〔オリジナル〕 | ○ |

〈その②〉
AがBに対して有している甲債権は、令和2年8月1日に消滅時効期間が満了するものであった。下記の事例で、令和2年11月1日の時点で甲債権について消滅時効が完成しているかを述べよ。〔オリジナル〕

| 3 | Aが令和2年4月1日に、甲債権の履行を求める訴えをBに対して提起し、令和2年11月1日の時点で訴訟は継続している。 | 完成していない |
| 4 | Aが令和2年4月1日に、甲債権の履行を求める訴えをBに対して提起した後、令和2年9月1日にこの訴えを取り下げた。〔令4-6-ア改題〕 | 完成していない |

×肢のヒトコト解説

1 取下げから6か月は、時効完成は猶予されます。

3 訴訟中は時効は完成しません。

4 取下げから6か月は、時効完成は猶予されます。

これで到達！ 合格ゾーン

□ AとBとは、A所有の中古自動車をBに対して代金150万円で売り、Bが代金のうち50万円を直ちに支払い、残代金をその2週間後に本件自動車の引渡しと引換えに支払う旨の合意をした。Aは、約定の履行期に本件自動車を引き渡したが、Bが残代金の支払をしないため、Bに対し、残代金のうち60万円について、一部請求である旨を明示して、代金支払請求の訴えを提起した。この訴えの提起によっては、残代金のうち残部の40万円の支払請求権について、時効の完成が猶予される。〔28-6-エ〕

★明示的一部請求の訴えが提起された場合、当該訴えの提起は、残部について、裁判上の催告として消滅時効の完成猶予の効力を生ずるとされています（最判平25.6.6）。一部請求の訴訟物の部分は時効の更新になりますが、残部の部分についても権利行使の意思が現れていると評価されたのです。

AとBとは、A所有の中古自動車をBに対して代金150万円で売り、Bが代金のうち50万円を直ちに支払い、残代金をその2週間後に本件自動車の引渡しと引換えに支払う旨の合意をした。Aは、約定の履行期に本件自動車を引き渡したが、代金は50万円であって支払済みである旨主張し始めたBから、債務不存在確認の訴えを提起された。この訴訟において、AがBに対する残代金の支払請求権の存在を主張して請求棄却の判決を求めた場合には、この支払請求権について、時効の完成は猶予される（大連判昭14.3.22）。〔28-6-オ〕

★「残代金の支払請求権の存在を主張」という部分が裁判上の請求になります。

民事訴訟法275条1項の和解又は民事調停法若しくは家事事件手続法による調停も、裁判上の請求と同じ扱いを受ける。〔26-6-ウ〕

★訴訟という形で事件を解決する場合だけでなく、「和解や調停」といった話し合いで事件解決する場合も同じ扱いにしています。

Aが所有する不動産の強制競売手続において、当該不動産に抵当権を設定していたBが裁判所書記官の催告を受けてその抵当権の被担保債権の届出をしても、その被担保債権の消滅時効の完成は猶予されない（最判平1.10.13）。

〔21-5-ウ〕

★被担保債権の届出行為は「今の債権額を計算して、それを伝える」という裁判所への資料の提出にすぎません。これは、裁判所を介した請求とはいえないため、時効の完成猶予事由としませんでした。

Bが、Aに対する債権をCに譲渡し、Aに対してその譲渡の通知をしても、その債権の消滅時効は更新されない。〔21-5-エ〕

★債権譲渡の通知は、「あなたへの債権を譲渡しました」という連絡にすぎず、権利の行使と扱うことはできません。

☐ Aの債権者Bが、債権者代位権に基づき、Aに代位してAのCに対する債権について Cに裁判上の請求をしたときは、AのCに対する当該債権の消滅時効はその完成が猶予される（大判昭15.3.15）。〔21-5-オ〕

★上記の行為は、AからCの債権の権利行使になっています（債権者ではないBが行っていますが、AからCの債権の権利行使には変わりません）。

ここでは訴えて請求する必要がありますが、訴えないで請求した場合はどうなるのでしょうか。次の条文を見てください。

150条（催告による時効の完成猶予）
催告があったときは、その時から6箇月を経過するまでの間は、時効は、完成しない。

訴訟をしないで請求した場合は、催告という扱いになります。例えば内容証明郵便などで、払えと請求した場合です。

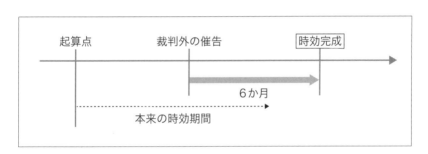

この場合は、時効の完成猶予の力だけが生じます。そのため、6か月間経ってしまうと時効完成が生じてしまいます。

下記のような方向性で考えるといいでしょう。

権利の確証が得られる事由が発生	→	時効の更新
権利者の権利行使の意思が表れた場合	→	時効の完成猶予

催告をした場合、権利行使の意思はあるのですが、**権利の存在が確証されたとはいえないので完成猶予の力しか認められません。**

一方、**裁判上の請求をした場合には、権利行使の意思も認められるし、裁判によって権利の存在が確証されるので更新の力も認めるのです。**

152条（承認による時効の更新）
　時効は、権利の承認があったときは、その時から新たにその進行を始める。

相手に権利があることを認めることを、承認といいます。

例えば、消滅時効において、債務の一部を支払うことは、相手の権利を認めている行動（自分の債務の存在を認めている行動）となります。

そして、この承認には時効の更新の力があります。**債務者が認めることによって、権利の存在が確証できるので更新の力を認めるのです。**

152条（承認による時効の更新）
2　前項の承認をするには、相手方の権利についての処分につき行為能力の制限を
　受けていないこと又は権限があることを要しない。

債務があると認めることは、処分能力がなくてもできます。自分の財産に何があるかがわかっていれば借金を負っているかどうかということは認識できるからです。

〈債務の承認ができるか、できないか〉

未成年者	×
成年被後見人	×
被保佐人	○
被補助人	○

能力が制限されている方は、4人ほどいますが、自分の財産管理ができる人は誰でしょう（未成年というのは、2・3歳児を考えてみてください）。

未成年者、成年被後見人はおそらく自分がどんな財産を持っているかというのを分かっていません。

彼らは財産を管理する能力がないので、債務の承認はできません。

　一方、**被保佐人や被補助人は、財産を管理する能力があります**。そのため、彼らは単独で債務の承認ができるのです。

　債務の承認をするのに、処分する能力は要らないけど、管理する能力は要ります。そして、その管理をする能力は、被保佐人・被補助人には認められているのです。

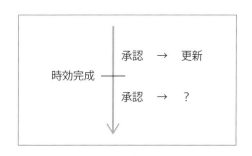

　時効完成の前に債務の承認をすると、時効カウントはリセットされます。

　では、時効が完成した後に債務の承認をした場合はどうなるのでしょうか。これは、２つの状況で分けて分析する必要があります。

時効完成につき悪意	時効完成につき善意
時効の利益の「放棄」と扱う ↓ 時効の援用は許されない	時効の利益の「放棄」とは扱えない ↓ 信義則上、時効の援用は許されない

　時効の完成が分かっているのに、債務があるよと認めた場合から考えましょう。

　これは、時効に頼らないということを相手に伝えているため

　つまり、**時効の利益の放棄となり、時効の援用が許されなくなります。**

　一方、時効完成に気づいていない（図表の右側です）場合、気づいていない以上時効の利益の放棄とはなりません（時効の利益の放棄は悪意でなければできません）。

　ただ、時効援用はできません。

　ここで、**時効の援用を認めると、債権者の期待を裏切ることになる**からです。

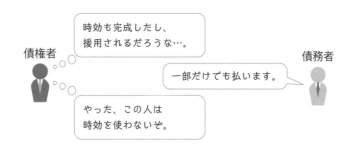

債権者はこのように期待します。

このような期待をさせた以上は、もう援用させないよとしたのです。

結論として援用できないという点は同じですが、その理屈が違います。その違いも、本試験で出題されているので、理屈もしっかりと押さえてください。

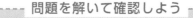

問題を解いて確認しよう

1	被保佐人が保佐人の同意なしにした債務の承認は、時効更新の効果を生じない。〔5-3-エ改題（11-2-イ）〕	×
2	未成年者であるAがその債権者Bに対してAの法定代理人Cの同意を得ないでその債務を承認したときは、Cはその承認を取り消すことができず、その債権の消滅時効は更新する。〔21-5-ア改題〕	×
3	債務者は消滅時効完成後に債務を承認した場合には、その当時時効が完成していたことを知らなかったときでも、時効を援用することはできない。〔元-2-オ（5-3-イ、11-2-エ、15-7-イ）〕	○

×肢のヒトコト解説

1 管理能力があれば、債務の承認ができます。

2 管理能力がないので、債務の承認はできません。そのため、債務の承認行為を取り消すことが可能です。

☐ 預金債務の債務者である銀行が銀行内の帳簿に利息の元金組入れの記載をしても債務の承認にはならない（大判大5.10.13）。〔15-7-オ〕

　★承認となるには、権利の存在の認識を、積極的に権利者に表示することが必要です。上記の事例では、権利者である預金者に対する意思表示になっていません。

☐ AがBに対する借入債務につきその利息を支払ったときは、その元本債権の消滅時効は更新される。（大判昭3.3.24）。〔21-5-イ〕

　★利息の支払は、債権者に対して元本の存在を認める行為になるので「承認」に該当します。

☐ 保証人が主たる債務を相続したことを知りながら保証債務の弁済をした場合、当該弁済は、特段の事情のない限り、主たる債務者による承認として当該主たる債務の消滅時効を更新する効力を有する（最判平25.9.13）。〔29-6-エ〕

　★主たる債務者兼保証人の地位にある者が主たる債務を相続したことを知りながらした弁済は、これが保証債務の弁済であっても、債権者に対し、主たる債務の承認を表示することを包含するものといえます。そのため、主たる債務についても時効の更新が生じるのです。

☐ 物上保証人が、債務者のした債務の承認によって被担保債権について生じた消滅時効の更新の効力を否定することは許されない（最判平7.3.10）。〔24-6-ウ〕

　★債務者が債務の承認をしたことによって、被担保債権の時効は更新されます。その被担保債権の抵当権を設定した物上保証人は、この更新に縛られます（判例は、担保権の付従性、時効による抵当権の消滅に関する396条の規定の趣旨から、この更新を否定できないとしています）。

☐ 債権者が債務者の財産に仮差押えをした場合には、時効の完成が猶予されるが、時効の更新の効力までは認められない。〔令4-6-イ〕

　★仮差押え及び仮処分は、とりあえず財産を押さえておく手続であり、権利行使の意思は分かるので、時効の完成猶予の効力は認められますが、時効の更新の効力までは認められません。

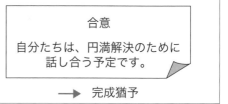

　債権者と債務者で、債権の存在について揉めています。債権者は債権があると主張し、債務者は債務がないと主張している状態です。

　ただ、お互い誠実に話し合いで解決を目指しています。

　時効が完成しないようにするには、今までの民法では、訴えを提起するしかありませんでした。ただ、**話し合っている関係の方をいきなり訴えれば、関係悪化は避けられません。**

　この場合「**話し合いをする合意を書面化**」することによって、「**権利行使の意思が明らか**」であるため、時効の完成猶予の力を認めました（書面化することが必要です。時効完成猶予がされるタイミングを明確にするためです）。

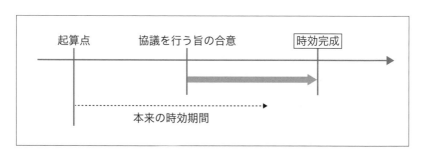

　完成を猶予される期間には、いろいろなパターンがあります。次を見てください。

1号	その合意があった時から1年を経過した時
2号	その合意において当事者が協議を行う期間を定めたときは、その期間を経過した時
3号	当事者の一方から相手方に対して協議の続行を拒絶する旨の通知が書面でされたときは、その通知の時から6箇月を経過した時

　では、この協議をした後に「まだ話し合いが済まないから、もう1回時効完成を猶予したい」と合意すると時効完成は再度猶予されるのでしょうか。

　次の図表を見てください。

第一行為		第二行為	第二行為により時効の完成が猶予されるか	
「協議を行う」旨の合意	→	「協議を行う」旨の合意	○ (151 Ⅱ)	時効の完成が猶予されなかったとすれば時効が完成すべき時から通じて5年を超えることができない (151 Ⅱ)
催告	→	催告	× (150 Ⅱ)	初めの催告による時効の完成猶予の効力しか認められない
催告	→	「協議を行う」旨の合意	× (151 Ⅲ)	催告による時効の完成猶予の効力しか認められない
「協議を行う」旨の合意	→	催告	× (151 Ⅲ)	協議を行う旨の合意による時効の完成猶予の効力しか認められない

　上の図表のように、**「協議を行う」旨の合意の後に、「協議を行う」旨の合意をした場合には再度の完成猶予が認められます。**

　一方、「協議を行う」旨の合意の後に催告をしたり、催告の後に「協議を行う」旨の合意をしたり、催告の後に催告をしても、再度の時効完成猶予は認められません。

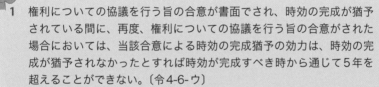

1　権利についての協議を行う旨の合意が書面でされ、時効の完成が猶予　　○
されている間に、再度、権利についての協議を行う旨の合意がされた
場合においては、当該合意による時効の完成猶予の効力は、時効の完
成が猶予されなかったとすれば時効が完成すべき時から通じて5年を
超えることができない。〔令4-6-ウ〕

2　催告によって時効の完成が猶予されている間に、再度の催告があった　　×
場合には、再度の催告があった時から6か月を経過するまでの間は、
時効は完成しない。〔令4-6-エ（26-6-オ）〕

------ ×肢のヒトコト解説 ------

2　催告の後、催告をしても完成猶予の延長はありません。

第2節 取得時効

今までのものは、消滅時効、取得時効の共通項で、ここからは、取得時効プロ
パーの論点を見ていきます。

162条（所有権の取得時効）
1　20年間、所有の意思をもって、平穏に、かつ、公然と他人の物を占有した者は、
その所有権を取得する。
2　10年間、所有の意思をもって、平穏に、かつ、公然と他人の物を占有した者は、
その占有の開始の時に、善意であり、かつ、過失がなかったときは、その所有権
を取得する。

覚えましょう

① 所有の意思ある占有（自主占有）⇔他主占有
自主占有か否かは占有の態様によって客観的に決まる
　→ 占有者の主観によるのではない
　ex. 自主占有：買主の占有
　　　他主占有：賃借人、使用借人などの占有

どんな占有者でも所有権の時効取得ができるわけではありません。**所有者のつもりの方のみ**、なのです。

しかも所有者のつもりというのは、その人の気持ちで決まるものではありません。**どんな理由で占有を始めたかで決まる**のです。

次の図を見てください。

AがBに売り、Bが占有を始めました。このBは、自分が所有者のつもりで占有をしているでしょう。

これは**自主占有となります**。

今回この売買契約が、後日無効だったことが判明しました。

Bは所有権を取得していなかったのです。

それでも、Bは自主占有と扱われるので、10年ないし20年占有すれば、所有権を取得できます。

Aが持っている土地をBに貸し、Bが占有を始めました。

この時点では、この**Bの占有は自主占有とは呼ばれません**。もし、Bが所有者のつもりだと言ったとしても、自主占有とはなりません。

占有をした原因は賃貸借です。**賃貸借で占有を始めた場合は絶対に他主占有となります。**

自主占有か、他主占有かの見分け方
買った場合、盗んだ場合は絶対、自主占有
借りた場合、預かった場合は絶対、他主占有

借りた人がいくら占有を続けても、絶対に時効取得はできません。

ただし、この後、**ＡとＢが、この土地を売買した場合は別**です。

これは**新たな権原に基づいて占有が始まった**ことになるので、**Ｂの占有は自主占有に変わります。**

そのため、もしこのＡＢの売買が無効であることが分かったとしても、Ｂは10年ないし20年によって、時効取得できる可能性があります。

 2周目はここまで押さえよう

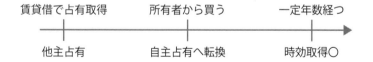

賃貸借契約後、所有者から「その物件、売りますよ」と持ち掛けられ、賃貸人と賃借人は、売買契約をしました。その後、20年経った後、その所有者から「売買契約は無効だったので、返して欲しい」と請求を受けました。

ここで、この賃借人は「買った時点で、185条が適用され、自主占有になっている。そのため、自分は取得時効を援用する」ことを主張できます。

（占有の性質の変更）
185条　権原の性質上占有者に所有の意思がないものとされる場合には、その占有者が、自己に占有をさせた者に対して所有の意思があることを表示し、又は新たな権原により更に所有の意思をもって占有を始めるのでなければ、占有の性質は、変わらない。

この、「新たな権原」には売買、贈与などがあたるのは間違いありません。
では、ここに相続が入るでしょうか。

つまり、他主占有をしている者が死亡した場合、相続人は自主占有を取得
し、物を時効取得できていいでしょうか。

> 相続人が、新たに相続財産を事実上支配することによりこれに対する占
> 有を開始し、その占有に所有の意思があるとみられる場合には、相続人
> は、被相続人の死亡後、185条にいう「新たな権原により」自主占有をす
> るに至ったものと解されている（最判昭46.11.30）。

賃貸人は、「貸しているから時効取得されないな」と安心しているため、
相続があっただけで自主占有になってしまうと賃貸人（所有者）に酷です。

そこで、一定の場合に限って、自主占有に転換することを認めています。
転換する基準（所有の意思があるとみられる場合）は、賃料を払っていたか
どうかで判断する傾向があります。

✓1　Aは、Bが所有しAに寄託している動産甲をBから買い受
　　け、その代金を支払った。この場合には、Aの動産甲に対
　　する占有の性質は、所有の意思をもってする占有に変更さ
　　れる。〔28-9-ウ〕　　　　　　　　　　　　　　　　○

2　甲建物の所有者Aは、甲建物をBに賃貸して引き渡した。
　　その2年後、Bが死亡したところ、善意・無過失の相続人
　　Cは、甲建物はBがAから買い受けたものであるとして、
　　賃料の支払を拒絶して甲建物に居住を始めたが、Aがこれ
　　を放置してうやむやになったまま、更に10年間が経過した。
　　Cは、甲建物について取得時効を主張することができる。
　　ただし、取得時効の要件のうち、「平穏かつ公然」の要件は、
　　いずれも満たされているものとする。
　　　　　　　　　　　　　　　〔12-11-5（21-7-オ）〕　○

② 期間
　イ．占有の始め
　　　善意・無過失…10年（162Ⅱ）　それ以外…20年（162Ⅰ）
　ロ．途中で悪意になっても10年で時効取得

善意無過失の時だけ10年コースで、それ以外は20年コースになります。そして、始めは善意で**途中で悪意になっても10年コースで変わりません**。

今一度条文を見てください。

条文の2項に**「占有開始の時に」という言葉があります**。

この言葉があるので、始めに善意であれば、途中で悪意に変わったとしても、時効期間は変わらないことになるのです。

187条（占有の承継）
1　占有者の承継人は、その選択に従い、自己の占有のみを主張し、又は自己の占有に前の占有者の占有を併せて主張することができる。
2　前の占有者の占有を併せて主張する場合には、その瑕疵をも承継する。

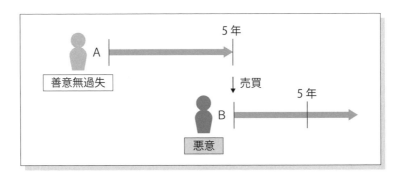

Aが他人の土地を、善意無過失で5年間占有していました。その後、この5年後、Aはこの自分の占有をBに売ったのですが、このBは悪意だったのです。

Aの占有はもともと善意無過失です。それが途中で、悪意になっても10年コースは変わりません。これは**善意者から悪意者に承継された場合も同じ**です。

そのため、BはAの占有開始から10年経ったところで時効完成できます。

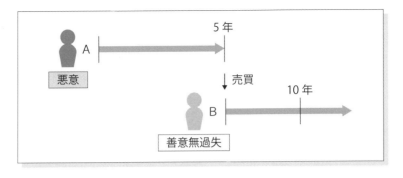

　Aは悪意で5年住んで（占有）いて、これをBが引き継ぎました。

　この場合、**悪意という瑕疵も承継**します。

　だからAの占有で戦うのであれば、Bは、後15年占有しないと時効取得ができません。

　ただBは2つの占有を持っています。**Aから引き継いだ占有だけでなく、B独自の占有も持っています。**

　もしB独自の占有でいくのであれば、Bは善意無過失なので、10年占有すれば、時効取得できます。

　これが187条の1項です。**自分の占有、引き継いだ占有、どちらでも選択できますよということを規定している**のです。

問題を解いて確認しよう

1	土地の買主が、その土地の引渡しを受けた場合でも、それが他人所有の物であるとの事実を知っていれば、自主占有を取得しない。〔3-2-2〕	×
2	所有の意思をもって平穏かつ公然に他人の物を占有した者が、占有の始めに自分に所有権があると過失なく信じていた場合には、たとえ、その後に自分に所有権がないことを知ったとしても、10年間占有を継続すれば、その物を時効取得する。〔9-11-イ（21-7-エ）〕	○

3 AがB所有の甲土地に無権原で自宅として乙建物を建て、所有の意思をもって甲土地を15年間占有した後、Aが死亡し、その直後からAの単独相続人であるCが自宅として乙建物に住むようになり、5年間所有の意思をもって甲土地を占有した場合、Cは甲土地の所有権を取得する。〔21-7-ア〕　○

4 甲建物に居住して悪意の自主占有を3年間続けたAは、甲建物をBに賃貸して引き渡した。Aは、その5年後に、甲建物を善意・無過失のCに譲渡し、Cの承諾を得て、Bに譲渡の事実を通知し、その後、更に10年間が経過した。Cは、甲建物について取得時効を主張することができる。〔12-11-2〕　○

5 甲建物に居住して悪意の自主占有を8年間続けたAは、甲建物を善意・無過失のBに譲渡して引き渡した。Bは、自ら8年間甲建物に居住した後、甲建物を悪意のCに譲渡して引き渡し、Cがこの建物に居住して2年間が経過した。Cは、甲建物について取得時効を主張することができる。〔12-11-3（21-7-ウ）〕　○

×肢のヒトコト解説

1 買主であれば、占有することによって、自主占有を取得します。

 2周目はここまで押さえよう

◆ 時効取得の可否 ◆

取得時効の対象となり得る権利	取得時効の対象となり得ない権利
用益物権 賃借権 質権	抵当権 留置権 先取特権

　一定期間、占有することによって得られる権利は所有権だけとは限りません。次の図をご覧ください。

　ＡＢで地上権設定契約をして、Ｂが占有を始めました。その１０年後、ＡＢ間の契約が無効であることが発覚し、Ａが明渡しを求めてきたのです。

　ここでＢは「自分は善意無過失で１０年間占有していたので、地上権を時効取得します」と主張することが可能なのです。

　地上権のような用益権以外でも、賃借権・質権など占有する権利については、時効取得が認められます。

　一方、抵当権は占有する権利ではないので、時効取得できる余地はありません。

　また、留置権や先取特権のような法定担保物権は、法律の要件をクリアしない限りは取得を認めないので、時効では取得を認めません。

✓ 1 地上権及び永小作権は、時効によって取得することができるが、地役権は、時効によって取得することができない。
〔18-7-イ〕　　×

2 債権は、時効によって消滅するが、時効によって取得できる債権はない。〔18-7-エ〕　　×

3 ＢがＡから甲土地を譲り受けてその上に乙建物を建て、Ｃがこれを買い受け居住するとともに、甲土地を賃借してＢにその賃料を２０年以上払い続けてきたが、Ｂが甲土地を譲り受けた直後、甲土地がＡからＤに譲渡されており、ＤがＢより先に登記を備えてＣに対して甲土地の明渡しを請求してきた場合、Ｃは、賃借権の時効取得をもってＤに対抗することができる。〔オリジナル〕　　○

4 賃借権及び地上権は、時効により取得することができる。
〔25-10-オ改題（31-6-ウ）〕　　○

☐ 善意については、186条（占有の態様等に関する推定）により推定されるが、無過失については推定されず、時効取得を主張する者がこれを立証しなければならない（最判昭46.11.11）。〔27-6-ウ〕

　★即時取得では無過失まで推定を受けますが、取得時効ではここまで推定されません。取引を強く保護しようとする即時取得と、そういった趣旨がない取得時効では取り扱いが異なるのです。

☐ 売買契約に基づいて開始された自主占有は、当該売買契約が解除条件の成就により失効しても、それだけでは、他主占有に変わるものではない（最判昭60.3.28）。〔令2-8-ウ〕

　★一旦、売買で取得した以上は自主占有になり、条件が成就しても売買がなかったことにはなりません（そのため、自主占有であることは変わらないのです）。

☐ 共同相続人は相続財産に属する土地を共有することになるため、相続人の中の一人が当該土地の占有を始めたとしても、その事情だけでは、その者が当該土地の単独所有者となることはない。ただし、一定の要件を満たせば、単独所有としての占有を取得しうる（最判昭47.9.8）。〔3-2-4、令2-8-エ〕

　★①共同相続人の1人が単独所有と信じ、②相続の開始とともに相続財産を現実に占有・管理・使用を専行して収益を独占し、公租公課も自己の名で負担しており、③他の共同相続人は無関心で、異議を述べない等の事情があるといった事情まであると単独所有者としての自主占有を取得することを判例が認めています（要件を覚えるというよりも単独所有としての占有を持ちうるというところでとめましょう）。

📖 **Point**

取得時効の効果　〜　原始取得　〜
① 時効が完成し、援用されると、占有者は時効期間のはじめに遡って所有権を取得する。
② 新権利者は、前権利者のもとで存在した制限に拘束されない。

　取得時効の効力は所有権取得ですが、その取得形態は原始取得です。そのため、その所有権に、抵当権や地上権などの権利がついていたとしても、それらは**すべて消滅した、キレイな所有権を取得**することになります。

　また、所有権取得の効果は遡及効が働くため、援用した時から所有者になったのではなく、占有を始めた時点から所有権を持っていたことになります。

	問題を解いて確認しよう	
1	不動産の時効取得の場合は、その登記をした時に、その所有権が時効取得者に帰属する。〔4-10-ア（53-1-4）〕	×
2	建物の所有権を時効により取得したことを原因として所有権の移転の登記をする場合には、その登記原因の日付は、取得時効が完成した日となる。〔27-6-ア〕	×
3	乙の抵当権が設定され、その登記を経た土地を、甲が時効取得した場合でも、乙の抵当権は失われない。〔2-19-ウ〕	×

――――――　ヒトコト解説　――――――

1,2　遡及効があるため、占有開始時から所有権を持っていたことになります。

3　原始取得であるため、抵当権は消滅します。

これで到達！　　　合格ゾーン

□　債務者又は抵当権設定者でない者が抵当不動産について取得時効に必要な要件を具備する占有をしたときは、抵当権は、これによって消滅する（397）。

〔27-6-エ〕

★債務者A、物上保証人Bという状態で、Aが土地を時効取得して「自分がこの土地を時効取得した。よって抵当権は消滅すべき」と主張するのはどうでしょう。自分で金を借りていて、それを返さないまま抵当権の消滅をするのは不当でしょう。そこで、397条で制限をかけることにしました。

消滅時効

では、次は、消滅時効プロパーの論点に行きます。

166条（債権等の消滅時効）
　債権は、次に掲げる場合には、時効によって消滅する。
　①　債権者が権利を行使することができることを知った時から5年間行使しないとき。
　②　権利を行使することができる時から10年間行使しないとき。

客観的起算点と時効期間	権利行使できる時から10年
主観的起算点と時効期間	権利行使できることを知った時から5年

　時効期間には2タイプあります。

　1つは、**「権利行使ができる状態」になっていれば時効のカウントを進めるというもの**です。権利行使ができるのに、それをしないというのは「権利の上に眠っている」と評価されます。

　ただ、**「権利行使できることを『知っていた』」場合には、さらに時効期間が短くなります。権利行使ができることを知っていて権利行使をしないのは、より「権利の上に眠る者」と評価される**からです。

　時効期間は、上記のように2タイプあり、このどちらかが先に来た時点で、時効が完成します。

166条（債権等の消滅時効）
1　債権は、次に掲げる場合には、時効によって消滅する。
　①　債権者が権利を行使することができることを知った時から5年間行使しないとき。
　②　権利を行使することができる時から10年間行使しないとき。

167条（人の生命又は身体の侵害による損害賠償請求権の消滅時効）
　人の生命又は身体の侵害による損害賠償請求権の消滅時効についての前条第1項第2号の規定の適用については、同号中「10年間」とあるのは、「20年間」とする。

> **724条（不法行為による損害賠償請求権の消滅時効）**
> 不法行為による損害賠償の請求権は、次に掲げる場合には、時効によって消滅する。
> ①　被害者又はその法定代理人が損害及び加害者を知った時から３年間行使しないとき。
> ②　不法行為の時から20年間行使しないとき。
>
> **724条の２（人の生命又は身体を害する不法行為による損害賠償請求権の消滅時効）**
> 人の生命又は身体を害する不法行為による損害賠償請求権の消滅時効についての前条第１号の規定の適用については、同号中「３年間」とあるのは、「５年間」とする。

　YがXに対して交通事故を起こして、XはYに対して損害賠償請求権を持ちます。

　不法行為に基づく損害賠償請求権の時効期間は、「損害および加害者を知って３年　不法行為から20年」ですが、**今回のような「人の生命又は身体を害する不法行為による損害賠償請求権」**の場合には、もっと長い期間保証すべきでしょう。

　そこで時効期間を
損害および加害者を知って　　５年
不法行為から　　　　　　　　20年
にして、主観的起算点からの時効期間を長く設定することにしました。

　XがYと医療契約を結んで、治療をしていたら、Yの医療過誤によりXに損害
が生じました。この場合、XはYに対して債務不履行による損害賠償請求権を持
ちます。

　債務不履行に基づく損害賠償請求権の時効期間は、「権利行使できることを知
ってから5年　権利行使できるときから10年」ですが、**今回のような「人の生
命又は身体を害する債務不履行による損害賠償請求権」の場合には、もっと長い
期間保証すべき**でしょう。

　そこで時効期間を
　権利行使できることを知ってから　　5年
　権利行使できるときから　　　　　　20年
にして、客観的起算点からの時効期間を長く設定することにしました。

　結局、「人の生命又は身体の侵害による損害賠償請求権」の時効期間は、それ
が債務不履行であれ、不法行為であれ、
　主観的起算点から5年
　客観的起算点から20年
となるのです。

問題を解いて確認しよう

（空欄に年数を埋めよ）〔オリジナル〕

1	債権は、債権者が権利を行使することができることを知った時から（　）行使しないときは、時効によって消滅する。	5 年間
2	債権は、権利を行使することができる時から（　）行使しないときは、時効によって消滅する。	10 年間
3	不法行為による損害賠償の請求権は、被害者又はその法定代理人が損害及び加害者を知った時から（　）行使しないときは、時効によって消滅する。	3 年間
4	人の生命又は身体の侵害による損害賠償請求権は、権利を行使することができる時から（　）行使しないときは、時効によって消滅する。	20 年間

問題を解いて確認しよう

1	Aが開設する病院で勤務医Bの診療上の過失により患者Cが死亡した。この事例における債務不履行に基づく損害賠償請求権の消滅時効の期間は、権利を行使することができることを知った時から5年間又は権利を行使することができる時から10年間であるが、不法行為に基づく損害賠償請求権の消滅時効の期間は、損害及び加害者を知った時から5年間又は不法行為の時から20年間である。〔22-19-イ改題〕	×

ヒトコト解説

1　本事例は、「人の生命又は身体の侵害による損害賠償請求権」に該当します。そのため、債務不履行による損害賠償債権であれば、権利行使できる時から20年であり（権利行使できることを知った時から5年）、不法行為による損害賠償債権であれば、損害及び加害者を知った時から5年（不法行為の時から20年）になります。

> **166条（債権等の消滅時効）**
> 2　債権又は所有権以外の財産権は、権利を行使することができる時から20年間行使しないときは、時効によって消滅する。

　例えば、地上権を設定していても、その地上権を使わないまま20年経過すると、時効で消滅します。

　債権以外の権利も、使わないと時効で消滅するのです。

　ただ、所有権は消滅時効では消滅しません。そのため、少年時代に遊んでいたヌイグルミが20年ぶりに出てきたとしても、所有権は残っているので、遊んで問題ありません。

◆ 消滅時効にかからない権利 ◆

> ① 　所有権（166Ⅱ反対解釈）
> →　所有権から派生する権利も消滅時効にかからない
> ex. 所有権に基づく物権的請求権（大判大11.8.21）
> 　　所有権に基づく登記手続請求権（最判平7.6.9）
>
> ② 　抵当権以外の担保物権
> →　抵当権は、債務者及び設定者との関係では被担保債権と同時でなければ消滅時効にかからない（396）。第三取得者及び後順位抵当権者との関係では、被担保債権から離れて20年の消滅時効（166Ⅱ）にかかる（大判昭15.11.26）。

　所有権自体が時効で消滅しないので、

　所有権から生まれる権利も、時効で消滅しないことになります（仮に消滅すると理論構成しても、所有権が残っているのですぐに発生することになります。時効で消滅すると考える意味がないのです）。

　そして、担保権は時効では消滅しません。被担保債権が残っている限りは、担保権だけで時効にかかることはないのです（被担保債権が時効で消滅すれば、担保権も付従性で消滅します）。

　ただ、担保権でも抵当権は例外です。

396条（抵当権の消滅時効）
　抵当権は、債務者及び抵当権設定者に対しては、その担保する債権と同時でなければ、時効によって消滅しない。

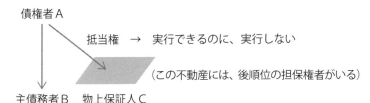

債権者Ａ

抵当権　→　実行できるのに、実行しない

（この不動産には、後順位の担保権者がいる）

主債務者Ｂ　物上保証人Ｃ

　抵当権が実行できる状態になっているのに、実行しないでいると抵当権の時効カウントは進みます。
　被担保債権が残っていても、抵当権だけ時効で消滅することがあるのです。

　ただ、これを主張できるのは「債務者及び抵当権設定者」以外のものです（例えば、後順担保権者）。
　債務者及び抵当権設定者という支払い義務があるものは
　債務を負っているのに
　担保権のみの消滅時効を主張することは、卑怯なので認めません
　（そのため、被担保債務が時効で消滅していれば、「債務者及び抵当権設定者」であっても、抵当権が消滅していると主張することができます）。

✓ 1　質権は、被担保債権とは別個に時効によって消滅しないが、地上権は、20年間行使しないときは、時効によって消滅する。〔18-7-オ〕	○
2　ＡがＢから甲土地を買い受け、所有権移転登記をしないまま20年が経過してから、ＡがＢに対して所有権に基づき所有権移転登記手続を請求した場合、Ｂは、その登記請求権の消滅時効を援用することができる。〔オリジナル〕	×
3　ＡとＢが土地を共有している場合、ＡとＢがそれぞれ有する共有物分割請求権は、各自が行使することがなくても消滅時効にかからない。〔オリジナル〕	○

4	A所有の甲土地上に、Bが乙建物をAに無断で建築して所有している場合に、AがBに対して有する甲土地の所有権に基づく物権的請求権は、時効によって消滅することはない。〔26-7-オ〕	○
5	抵当権を実行することができる時から20年が経過すれば、抵当権設定者は、その被担保債権が消滅時効にかからなくても、抵当権者に対し、時効による抵当権の消滅を主張することができる。〔オリジナル（26-12-エ）〕	×

これで到達！　　　　　合格ゾーン

☐ 確定判決又は確定判決と同一の効力を有するものによって確定した権利については、10年より短い時効期間の定めがあるものであっても、その時効期間は、10年とする（169）。〔令3-6-ウ〕

　★確定判決があると、債権の存在が公的に確定されるため、時効期間を一律に10年の時効に服するとしました。

　2タイプの時効期間につき、**10年の方の起算点については、多くの出題があります。**

　例えば次の図を見てください。

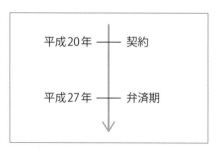

この場合、いつから権利行使できますか。

平成27年までいかないと権利行使ができません。そのため、時効カウントは平成27年までは始まりません。

弁済期が来ると権利行使ができる状態になる、そこで初めて時効カウントがスタートするのです。

いつから時効カウントがスタートするか、他の事例を下にまとめましたので見ていきましょう（前の図は、次の図表では①に当たります）。

 覚えましょう

◆ 消滅時効の起算点（客観的起算点）◆

①確定期限ある債権	期限到来時
②不確定期限ある債権	期限到来時（債務者の知・不知に無関係に）
③期限の定めなき債権	債権の成立ないし発生時

② 不確定期限がある債権

「父が死んだら借金返してくれ」期限が不確定期限の場合です。

この場合、**父が死んだらもう権利行使できます**よね。

向こうが知っているかどうか関係なく、こちらは権利行使できるので、そこから時効カウントがスタートします（①と同じく期限到来時に、進行が始まります。このあたりは、履行遅滞時期と比較してみてください）。

③ 期限の定めなき債権

弁済期を決めてなかったという場合です。

物を売りましたが、代金はいつでもいいよとしている場合で想像してください。

弁済期を決めていなければ、**契約時からすぐ権利行使できます**。

そのため、債権が発生した時点からカウントスタートです。

この例外が次の④の貸金債権です。

◆ 消滅時効の起算点（客観的起算点）◆

④返還時期を定めない消費貸借に基づく返還請求権	契約成立時から相当期間経過後

債務者はお金を借りて使っているため、こちらはすぐ権利行使なんかできません。

そのため、**集めて来るまで、少しは待ってあげよう**、と時効カウントのスタートを遅らせています。

BがAに対して、1,000万円の債務を負っていて、その債務には割賦払い特約（5回払い）がついていました（分割払い特約と思ってください）。

この場合、債務の数は5本あります。次の図をみてください。

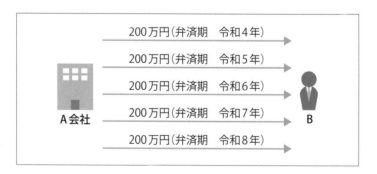

5本の債権があって、それぞれ、弁済期が異なる状態になっています。そして、この割賦払い特約には以下の内容が含まれていることが多いです。

> **契約書**
>
> 　一度でも、債務不履行したら「債権者の請求により」全債務の弁済期が到来する

　例えば、令和4年弁済期の債務について不履行があった場合には、

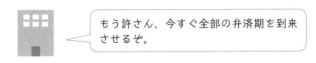

> もう許さん、今すぐ全部の弁済期を到来させるぞ。

このように請求することが可能になるのです。

　これにより、債務の弁済期が到来するので、すべての債務が債務不履行の状態になります（遅延損害金が発生します）。

　ただ、請求することのデメリットもあります。それは、**全債務の弁済期が到来してしまうので、全債務の消滅時効が進行してしまう**点です。

　結局のところ、
・遅延損害金を多く取りたい場合は請求する（消滅時効のデメリットは覚悟する）
・時効の進行が怖いので請求しない（遅延損害金が多く取れません）
　ことを選択することになるのです。

　つまり、**債務不履行したら、ただちに全債務の消滅時効が進行するわけではない**のです（債権者が請求するかどうかで変わってきます）。

　ここまでの部分を表でまとめておきました。こちらの図表で、整理と暗記をしてください。

	債務の内容	消滅時効の客観的起算点
①	確定期限ある債権	期限到来時
②	不確定期限ある債権	期限到来時（債務者の知・不知に無関係に）
③	期限の定めなき債権	債権の成立ないし発生時
④	返還時期を定めない消費貸借に基づく返還請求権	契約成立時から相当期間経過後
⑤	割賦払い債務（期限の利益喪失約款付債権）	1回の不履行があっても各割賦金額につき、約定弁済期到来ごとに順次消滅時効が進行する。 債権者が特に残額債務弁済を求める旨の意思表示をした場合、その時から全額について消滅時効は進行する（最判昭42.6.23）。

問題を解いて確認しよう

次の1から4の肢では、債権者が権利が行使できることを知らないことを前提にして解いてください（客観的起算点がいつになるかを考えてください）。

1 確定期限のある債権の消滅時効は、当該期限が到来した時から進行するが、不確定期限のある債権の消滅時効は、当該期限が到来したことを債権者が知った時から進行する。〔18-7-ア〕　×

2 期限の定めのない貸金債権の消滅時効は、金銭消費貸借契約が成立した時から進行する。〔16-7-ア〕　×

3 割賦払債務について、債務者が割賦金の支払を怠ったときは債権者の請求により直ちに残債務全額を弁済すべき旨の約定がある場合には、残債務全額についての消滅時効は、債務者が割賦金の支払を怠った時から進行する。〔16-7-エ〕　×

1　どちらも期限が到来した時から進行します。

2　集めるまで待ってあげるため、契約成立から相当期間経過したときから進行します。

3　債権者から請求がない限り、各債務の弁済期から時効が進行します。

これで到達！　　　　　合格ゾーン

☐　主たる債務者から委託を受けた保証人が、主たる債務者に対し、460条の規定又は主たる債務者との合意に基づき、いわゆる事前求償権を取得した場合であっても、当該保証人が弁済その他自己の出捐をもって主たる債務を消滅させるべき行為をしたことにより459条1項の規定に基づいて取得する事後求償権の消滅時効は、当該行為をした時から進行する（最判昭60.2.12）。

〔31-16-エ〕

★事前求償権（弁済する前に求償を求める権利）と、事後求償権（弁済した後に発生した求償を求める権利）は別物です。事後求償権という法律の規定で発生する権利は、その権利が発生したときから時効は進行します。

索引

LEC東京リーガルマインド　令和7年版 根本正次のリアル実況中継
司法書士 合格ゾーンテキスト **1** 民法 I

〈執筆者〉

根本 正次（ねもとしょうじ）

2001年司法書士試験合格。2002年から講師として教壇に立ち、20年以上にわたり初学者から上級者まで幅広く受験生を対象とした講義を企画・担当している。講義方針は、「細かい知識よりもイメージ・考え方」を重視すること。熱血的な講義の随所に小噺・寸劇を交えた受講生を楽しませる「楽しい講義」をする講師でもある。過去問の分析・出題予想に長けており、本試験直前期には「出題予想講座」を企画・実施し、数多くの合格者から絶賛されている。

令和7年版 根本正次のリアル実況中継
司法書士 合格ゾーンテキスト
❶ 民法I

2019年 3 月25日	第 1 版	第 1 刷発行
2024年 6 月20日	第 6 版	第 1 刷発行

執　筆●根本 正次

編著者●株式会社　東京リーガルマインド
　　　　LEC総合研究所　司法書士試験部

発行所●株式会社　東京リーガルマインド
　　　　〒164-0001　東京都中野区中野4-11-10
　　　　　　　　　　アーバンネット中野ビル
　　　　LECコールセンター　　☎ 0570-064-464
　　　　　　受付時間　平日9:30～20:00/土・祝10:00～19:00/日10:00～18:00
　　　　　　※このナビダイヤルは通話料お客様ご負担となります。
　　　　書店様専用受注センター　TEL 048-999-7581 / FAX 048-999-7591
　　　　　　受付時間　平日9:00～17:00/土・日・祝休み
　　　　www.lec-jp.com/

本文デザイン●株式会社リリーフ・システムズ
本文イラスト●小牧 良次
印刷・製本●図書印刷株式会社

根本正次
LEC専任講師

誰にもマネできない記憶に残る講義

司法書士試験は、「正しい努力をすれば」、「必ず」合格ラインに届きます。
そのために必要なのは、「絶対にやりぬく」という意気込みです。
皆さんに用意していただきたいのは、
司法書士試験に一発合格する！という強い気持ち、この1点だけです。
あとは、私が示す正しい努力の方向を邁進するだけで、
合格ラインに届きます。

私の講義ここがPoint!

1 わかりやすいのは当たり前！
私の講義は「記憶に残る講義」

❶ 知識の1つ1つについて、しっかりとした理由付けをする。
❷ 一度の説明ではなく、時間の許す限り繰り返し説明する。
❸ 寸劇・コントを交えて衝撃を与える。

2 法律を教えるのは当たり前！
時期に応じた学習計画も伝授

❶ 講義の受講の仕方、復習の仕方、順序を説明する。
❷ すでに学習済みの科目について、復習するタイミング、復習する範囲を指示します。
❸ どの教材を、いつまでに、どのレベルまで仕上げるべきなのかを細かく指導する。

3 徹底した過去問重視の指導

❶ 過去の出題実績の高いところを重点に講義をする。
❷ 復習時に解くべき過去問を指摘する。
❸ 講義内で過去問を解いてもらう。

根本講師の講義も配信中！

Nemoto

その裏に隠された緻密な分析力！

私のクラスでは、
❶ 法律を全く知らない人に向けて、「わかりやすく」「面白く」「合格できる」講義と
❷ いつ、どういった学習をするべきなのかのスケジュールと
❸ 数多くの一発合格するためのサポートを用意しています。
とにかく目指すは、司法書士試験一発合格です。一緒に頑張っていきましょう！

合格者の声　根本先生おすすめします！

一発合格

長井 愛さん

根本先生の講義はとにかく楽しいです。丁寧に、分かりやすく説明してくださる上に、全力の寸劇が何度も繰り広げられ、そのおかげで頭に残りやすかったです。また先生作成のノートやレジュメも分かりやすくて大好きです！！

一発合格
最年少合格

大島 駿さん

根本先生の良かった点は、講義内容のわかりやすさはもちろん、記憶に残る講義だということです。正直、合格できた1番の理由は根本先生の存在があったからこそだと思います。

一発合格

大石徳子さん

根本講師は、受験生の気持ちを本当に良く理解していて、すごく愛のある先生だと思います。講座の区切り、区切りで、今受験生が言ってもらいたい言葉を掛けてくれます。

一発合格

望月飛鳥さん

初学者の私でも分かりやすく、楽しく授業を受けられました。講義全体を通して、全力で授業をしてくれるので、こちらも頑張ろうという気持ちになります。

一発合格

H・Tさん

寸劇を交えた講義が楽しくイメージしやすかったです。問題を解いている時も先生の講義を思い出せました。

一発合格

田中佑幸さん

根本先生の『論点のストーリー説明→条文根拠づけ→図表まとめ』の講義構成がわかりやすく記憶に残りやすかったです。

LEC司法書士YouTubeチャンネル **https://www.youtube.com/@LEC-shoshi**

新15ヵ月合格コース

短期合格のノウハウが詰まったカリキュラム

LECが初めて司法書士試験の学習を始める方に自信をもってお勧めする講座が新15ヵ月合格コースです。司法書士受験指導40年以上の積み重ねたノウハウと、試験傾向の徹底的な分析により、これだけ受講すれば合格できるカリキュラムとなっております。司法書士試験対策は、毎年一発・短期合格を輩出してきたLECにお任せください。

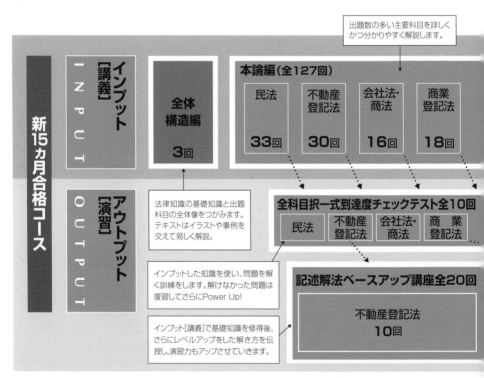

インプットとアウトプットのリンクにより短期合格を可能に！

合格に必要な力は、適切な情報収集（インプット）→知識定着（復習）→実践による知識の確立（アウトプット）という３つの段階を経て身に付くものです。新15ヵ月合格コースではインプット講座に対応したアウトプットを提供し、これにより短期合格が確実なものとなります。

初学者向け総合講座

本コースは全くの初学者からスタートし、司法書士試験に合格することを狙いとしています。入門から合格レベルまで、必要な情報を詳しくかつ法律の勉強が初めての方にもわかりやすく解説します。

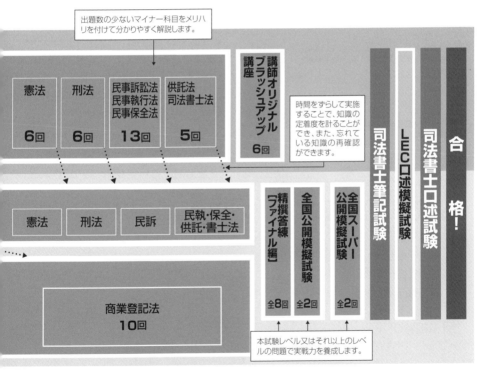

出題数の少ないマイナー科目をメリハリを付けて分かりやすく解説します。

憲法	刑法	民事訴訟法 民事執行法 民事保全法	供託法 司法書士法
6回	6回	13回	5回

講師オリジナル ブラッシュアップ 講座 6回

時間をずらして実施することで、知識の定着度を計ることができ、また、忘れている知識の再確認ができます。

憲法	刑法	民訴	民執・保全・供託・書士法

商業登記法 10回

精撰答練[ファイナル編] 全8回

全国公開模擬試験 全2回

全国スーパー公開模擬試験 全2回

司法書士筆記試験

LEC口述模擬試験

司法書士口述試験

合格！

本試験レベル又はそれ以上のレベルの問題で実戦力を養成します。

※本カリキュラムは、2023年8月1日現在のものであり、講座の内容・回数等が変更になる場合があります。予めご了承ください。

詳しくはこちら⇒ www.lec-jp.com/shoshi/

■お電話での講座に関するお問い合わせ 平日：9:30〜20:00　土祝：10:00〜19:00　日：10:00〜18:00
※このナビダイヤルは通話料お客様ご負担になります。※固定電話・携帯電話共通（一部の PHS・IP 電話からのご利用可能）。

LECコールセンター **0570-064-464**

れっく LEC Webサイト ▷▷ **www.lec-jp.com/**

💬 情報盛りだくさん！

 資格を選ぶときも，
講座を選ぶときも，
最新情報でサポートします！

おためしWeb受講制度

≫ 最新情報
各試験の試験日程や法改正情報，対策講座，模擬試験の最新情報を日々更新しています。

≫ 資料請求
講座案内など無料でお届けいたします。

≫ 受講・受験相談
メールでのご質問を随時受付けております。

≫ よくある質問
LECのシステムから，資格試験についてまで，よくある質問をまとめました。疑問を今すぐ解決したいなら，まずチェック！

≫ 書籍・問題集（LEC書籍部）
LECが出版している書籍・問題集・レジュメをこちらで紹介しています。

💬 充実の動画コンテンツ！

 ガイダンスや講演会動画，
講義の無料試聴まで
Webで今すぐCheck！

≫ 動画視聴OK
パンフレットやWebサイトを見てもわかりづらいところを動画で説明。いつでもすぐに問題解決！

≫ Web無料試聴
講座の第1回目を動画で無料試聴！気になる講義内容をすぐに確認できます。

LEC全国学校案内

*講座のお問合せ，受講相談は最寄りのLEC各校へ

LEC本校

■ 北海道・東北

札　幌本校　☎011(210)5002
〒060-0004 北海道札幌市中央区北4条西5-1　アスティ45ビル

仙　台本校　☎022(380)7001
〒980-0022 宮城県仙台市青葉区五橋1-1-10　第二河北ビル

■ 関東

渋谷駅前本校　☎03(3464)5001
〒150-0043 東京都渋谷区道玄坂2-6-17　渋東シネタワー

池　袋本校　☎03(3984)5001
〒171-0022 東京都豊島区南池袋1-25-11　第15野萩ビル

水道橋本校　☎03(3265)5001
〒101-0061 東京都千代田区神田三崎町2-2-15　Daiwa三崎町ビル

新宿エルタワー本校　☎03(5325)6001
〒163-1518 東京都新宿区西新宿1-6-1　新宿エルタワー

早稲田本校　☎03(5155)5501
〒162-0045 東京都新宿区馬場下町62　三朝庵ビル

中　野本校　☎03(5913)6005
〒164-0001 東京都中野区中野4-11-10　アーバンネット中野ビル

立　川本校　☎042(524)5001
〒190-0012 東京都立川市曙町1-14-13　立川MKビル

町　田本校　☎042(709)0581
〒194-0013 東京都町田市原町田4-5-8　MIキューブ町田イースト

横　浜本校　☎045(311)5001
〒220-0004 神奈川県横浜市西区北幸2-4-3　北幸GM21ビル

千　葉本校　☎043(222)5009
〒260-0015 千葉県千葉市中央区富士見2-3-1　塚本大千葉ビル

大　宮本校　☎048(740)5501
〒330-0802 埼玉県さいたま市大宮区宮町1-24　大宮GSビル

■ 東海

名古屋駅前本校　☎052(586)5001
〒450-0002 愛知県名古屋市中村区名駅4-6-23　第三堀内ビル

静　岡本校　☎054(255)5001
〒420-0857 静岡県静岡市葵区御幸町3-21　ペガサート

■ 北陸

富　山本校　☎076(443)5810
〒930-0002 富山県富山市新富町2-4-25　カーニープレイス富山

■ 関西

梅田駅前本校　☎06(6374)5001
〒530-0013 大阪府大阪市北区茶屋町1-27　ABC-MART梅田ビル

難波駅前本校　☎06(6646)6911
〒556-0017 大阪府大阪市浪速区湊町1-4-1
大阪シティエアターミナルビル

京都駅前本校　☎075(353)9531
〒600-8216 京都府京都市下京区東洞院通七条下ル2丁目
東塩小路町680-2　木村食品ビル

四条烏丸本校　☎075(353)2531
〒600-8413　京都府京都市下京区烏丸通仏光寺下ル
大政所町680-1　第八長谷ビル

神　戸本校　☎078(325)0511
〒650-0021 兵庫県神戸市中央区三宮町1-1-2　三宮セントラルビル

■ 中国・四国

岡　山本校　☎086(227)5001
〒700-0901 岡山県岡山市北区本町10-22　本町ビル

広　島本校　☎082(511)7001
〒730-0011 広島県広島市中区基町11-13　合人社広島紙屋町アネックス

山　口本校　☎083(921)8911
〒753-0814 山口県山口市吉敷下東 3-4-7　リアライズⅢ

高　松本校　☎087(851)3411
〒760-0023 香川県高松市寿町2-4-20　高松センタービル

松　山本校　☎089(961)1333
〒790-0003 愛媛県松山市三番町7-13-13　ミツネビルディング

■ 九州・沖縄

福　岡本校　☎092(715)5001
〒810-0001 福岡県福岡市中央区天神4-4-11　天神ショッパーズ
福岡

那　覇本校　☎098(867)5001
〒902-0067 沖縄県那覇市安里2-9-10　丸姫産業第2ビル

■ EYE関西

EYE 大阪本校　☎06(7222)3655
〒530-0013　大阪府大阪市北区茶屋町1-27　ABC-MART梅田ビル

EYE 京都本校　☎075(353)2531
〒600-8413　京都府京都市下京区烏丸通仏光寺下ル
大政所町680-1　第八長谷ビル

【LEC公式サイト】www.lec-jp.com/

スマホから簡単アクセス！

LEC提携校

＊提携校はLECとは別の経営母体が運営をしております。
＊提携校は実施講座およびサービスにおいてLECと異なる部分がございます。

■■ 北海道・東北 ■■■

八戸中央校【提携校】　☎0178(47)5011
〒031-0035　青森県八戸市寺横町13　第1朋友ビル　新教育センター内

弘前校【提携校】　☎0172(55)8831
〒036-8093　青森県弘前市城東中央1-5-2
まなびの森　弘前校東予備校内

秋田校【提携校】　☎018(863)9341
〒010-0964　秋田県秋田市八橋鯲沼町1-60
株式会社アキタシステムマネジメント内

■■ 関東 ■■■

水戸校【提携校】　☎029(297)6611
〒310-0912　茨城県水戸市見川2-3092-3

所沢校【提携校】　☎050(6865)6996
〒359-0037　埼玉県所沢市くすのき台3-18-4　所沢K・Sビル
合同会社LPエデュケーション内

東京駅八重洲口校【提携校】　☎03(3527)9304
〒103-0027　東京都中央区日本橋3-7-7　日本橋アーバンビル
グランデスク内

日本橋校【提携校】　☎03(6661)1188
〒103-0025　東京都中央区日本橋茅場町2-5-6　日本橋大江戸ビル
株式会社大江戸コンサルタント内

■■ 東海 ■■■

沼津校【提携校】　☎055(928)4621
〒410-0048　静岡県沼津市新宿町3-15　萩原ビル
M-netパソコンスクール沼津校内

■■ 北陸 ■■■

新潟校【提携校】　☎025(240)7781
〒950-0901　新潟県新潟市中央区弁天3-2-20　弁天501ビル
株式会社大江戸コンサルタント内

金沢校【提携校】　☎076(237)3925
〒920-8217　石川県金沢市近岡町845-1　株式会社アイ・アイ・ピー金沢内

福井南校【提携校】　☎0776(35)8230
〒918-8114　福井県福井市羽水2-701　株式会社ヒューマン・デザイン内

■■ 関西 ■■■

和歌山駅前校【提携校】　☎073(402)2888
〒640-8342　和歌山県和歌山市友田町2-145
KEG教育センタービル　株式会社KEGキャリア・アカデミー内

■■ 中国・四国 ■■■

松江殿町校【提携校】　☎0852(31)1661
〒690-0887　島根県松江市殿町517　アルファステイツ殿町
山路イングリッシュスクール内

岩国駅前校【提携校】　☎0827(23)7424
〒740-0018　山口県岩国市麻里布町1-3-3　岡村ビル　英光学院内

新居浜駅前校【提携校】　☎0897(32)5356
〒792-0812　愛媛県新居浜市坂井町2-3-8　パルティフジ新居浜駅前店内

■■ 九州・沖縄 ■■■

佐世保駅前校【提携校】　☎0956(22)8623
〒857-0862　長崎県佐世保市白南風町5-15　智翔館内

日野校【提携校】　☎0956(48)2239
〒858-0925　長崎県佐世保市椎木町336-1　智翔館日野校内

長崎駅前校【提携校】　☎095(895)5917
〒850-0057　長崎県長崎市大黒町10-10　KoKoRoビル
minatoコワーキングスペース内

高原校【提携校】　☎098(989)8009
〒904-2163　沖縄県沖縄市大里2-24-1
有限会社スキップヒューマンワーク内

※上記は2024年5月1日現在のものです。

書籍の訂正情報について

このたびは，弊社発行書籍をご購入いただき，誠にありがとうございます。
万が一誤りの箇所がございましたら，以下の方法にてご確認ください。

1 訂正情報の確認方法

書籍発行後に判明した訂正情報を順次掲載しております。
下記Webサイトよりご確認ください。

www.lec-jp.com/system/correct/

2 ご連絡方法

上記Webサイトに訂正情報の掲載がない場合は，下記Webサイトの
入力フォームよりご連絡ください。

lec.jp/system/soudan/web.html

フォームのご入力にあたりましては，「Web教材・サービスのご利用について」の
最下部の「ご質問内容」に下記事項をご記載ください。

> ・対象書籍名（○○年版，第○版の記載がある書籍は併せてご記載ください）
> ・ご指摘箇所（具体的にページ数と内容の記載をお願いいたします）

ご連絡期限は，次の改訂版の発行日までとさせていただきます。
また，改訂版を発行しない書籍は，販売終了日までとさせていただきます。

※上記「2 ご連絡方法」のフォームをご利用になれない場合は，①書籍名，②発行年月日，③ご指摘箇所，を記載の上，郵送にて下記送付先にご送付ください。確認した上で，内容理解の妨げとなる誤りについては，訂正情報として掲載させていただきます。なお，郵送でご連絡いただいた場合は個別に返信しておりません。

送付先：〒164-0001 東京都中野区中野4-11-10 アーバンネット中野ビル
株式会社東京リーガルマインド 出版部 訂正情報係

> ・誤りの箇所のご連絡以外の書籍の内容に関する質問は受け付けておりません。
> また，書籍の内容に関する解説，受験指導等は一切行っておりませんので，あらかじめ
> ご了承ください。
> ・お電話でのお問合せは受け付けておりません。

講座・資料のお問合せ・お申込み

LECコールセンター ☎ 0570-064-464

受付時間：平日9：30～20：00/土・祝10：00～19：00/日10：00～18：00

※このナビダイヤルの通話料はお客様のご負担となります。
※このナビダイヤルは講座のお申込みや資料のご請求に関するお問合せ専用ですので，書籍の正誤に関
するご質問をいただいた場合，上記「2 ご連絡方法」のフォームをご案内させていただきます。